Im Weihnachtswald

T V Z

Im Weihnachtswald

Ostschweizer Weihnachtsgeschichten

HERAUSGEGEBEN VON CHRISTINE VOSS

TVZ

Theologischer Verlag Zürich

Bibliografische Informationen der Deutschen Nationalbibliothek
Die Deutsche Nationalbibliothek verzeichnet diese Publikation in der Deutschen
Nationalbibliografie; detaillierte bibliografische Daten sind im Internet über
http://dnb.d-nb.de abrufbar.

Umschlaggestaltung
Mario Moths, Marl

Illustrationen, Layout und Satz
Mario Moths, Marl

Druck
Rosch-Buch GmbH, Scheßlitz

ISBN 978-3-290-17727-0
© 2013 Theologischer Verlag Zürich
www.tvz-verlag.ch

INHALT

VORWORT

Kaum eine andere Geschichte der Bibel hat so stark die Fantasie der Christenheit beflügelt wie die Geschichte vom Kind, das im Stall geboren und dort von Hirten verehrt wurde. Um die ursprüngliche biblische Erzählung rankten sich mit der Zeit unzählige weitere Geschichten mit neuen Figuren und neuen Szenen. Die alte Geschichte ruft danach, immer wieder neu erzählt zu werden.

Die Weihnachtsgeschichte ist offensichtlich nie abgeschlossen. Wohl deshalb, weil sie unsere grundlegenden Lebensthemen anspricht. Da ist nicht nur die Urerfahrung von Geburt und Elternschaft, von Unterwegssein und der Suche nach Schutz und Obdach, sondern diese besondere Geschichte ist auch wie ein Spiegel für die Sehnsucht des Menschen nach Liebe, Gerechtigkeit und Heil. «Friede auf Erden» ist die Botschaft der Engel – und für einen Moment kommt der Himmel tatsächlich auf die Erde, leuchtet ein neuer Stern auf, hinein in eine friedlose Welt, in der die

Ungerechtigkeit mit Händen zu greifen ist. Diese Botschaft will in der Weihnachtsgeschichte nicht einfach mit dem Kopf verstanden, sondern im Miterleben und Mitempfinden mit allen Sinnen erfasst werden.

Vom Suchen nach sinnlichem Ausdruck sind auch die Geschichten in diesem Buch geprägt. Einige bewegen sich dabei auf einer stark symbolischen Ebene. Da ist zum Beispiel der Weihnachtswald, der dem Buch seinen Titel gegeben hat: ein geheimnisvoller Ort, an dem Tiere und Bäume miteinander sprechen können. Doch sie unterhalten sich nicht nur miteinander, sondern leben auch vor, wie eine friedlichere, liebevollere Welt aussehen könnte. Der Mensch, der in diese andere Wirklichkeit hineingerät – wohl nicht zufälligerweise ein Kind –, kehrt verwandelt daraus zurück.

Auf ebenso poetische Weise ist in einer anderen Geschichte die Engelsharfe ein Zeichen, das aus einer anderen Welt zu kommen scheint. Ihre Melodie berührt die Menschen so stark, dass sich auch zerstrittene Parteien wieder versöhnen und Reiche mit den Armen teilen. Es gibt in diesem Buch aber ebenso jene Geschichten, in denen konkrete weltliche Erfahrungen der Ort für Weihnachten werden. Die Hauptpersonen in diesen Erzählungen wenden sich hilfsbedürftigen Menschen zu – und erfahren gerade darin den Sinn von Weihnachten. So verschieden die Geschichten auch sind, so wird doch in jeder versucht, etwas von dem auszudrücken, was Weihnachten für den Einzelnen bedeuten kann.

Geschrieben wurden die Geschichten von Pfarrerinnen, Pfarrern, kirchlichen Mitarbeitenden und im Umfeld der Kirche engagierten Menschen in den Kantonen Thurgau, St. Gallen und Appenzell. Einige haben ihre Geschichte für die Weihnachtspredigt verfasst, andere für die Lokalzeitung, wieder andere haben sie speziell für dieses Buch geschrieben. Mit der Veröffentlichung soll etwas vom poetischen und spirituellen Reichtum aus so mancher «Kirchenstube» weitergegeben werden.

Es bleibt zum Schluss, allen herzlich zu danken, die an diesem Buch mitgearbeitet haben. An erster Stelle den Autorinnen und Autoren, die dem Verlag ihre Geschichten zur Verfügung gestellt haben. Ebenso auch allen anderen Mitarbeitenden, die das Entstehen des Buches sorgfältig begleitet haben. Ein ganz besonderer Dank geht an Adrian Keller, den Leiter des Hauses «Sonneblick» in Walzenhausen AR. Ihm ist nicht nur die Anregung zu verdanken, ein Weihnachtsgeschichtenbuch speziell der Ostschweiz zu widmen, sondern durch Hinweise auf Autorinnen und Autoren und seine Kontakte hat er auch viel zum Gelingen beigetragen. Die vom ehemaligen Flüchtlingspfarrer Paul Vogt gegründete Heimstätte ist damit ein indirekter Teil der Geschichten dieses Buches.

Christine Voss

Heinz Mauch-Züger

DER ENTFÜHRTE
TANNENBAUM

M arcel Niederer versicherte sich noch einmal, dass er alles Material bereit hatte für den Advents-kalender, den die Familie gemeinsam gestalten wollte. Die Idee stammte von der zwölfjährigen Rahel und war von der ganzen Familie mit Begeisterung aufgenommen worden. In den Herbstferien hatte Rahel den Vorschlag gemacht, während der Adventszeit gemeinsam das Tänn-chen im Garten zu schmücken. Jeden Tag sollte etwas dazukommen, jedes Familienmitglied sollte selber be-stimmen, was für einen Schmuck es beitragen wollte. Bei fünf Familienmitgliedern hiess das, dass alle je fünf Mal an einem abgesprochenen Tag im Dezember an die Reihe kommen würden. Die beiden jüngeren Buben waren schon im Oktober daran gegangen, Ideen auszutauschen und Material zusammenzusuchen. Vater Niederer küm-merte sich um die Beleuchtung und war richtig stolz auf seine Idee, die Helligkeit von unten nach oben mehr und mehr zu steigern, bis hin zur selbst hergestellten Leuchtspitze des Baumes. Der Advent konnte beginnen, alles war bereit.

Den Anfang machte der achtjährige Sascha. Er hatte glänzende Stoffe in feine Streifen geschnitten und legte diese elegant von Ast zu Ast rund um das Tännchen. Am zweiten Tag folgte der zehnjährige Luca. Er hatte aus Messingdraht fantasievolle Glocken geformt und verteilte drei von ihnen am Tännchen. Am nächsten Tag war Eveline, die Mutter, an der Reihe. Sie hatte aus verschiedenen wetterfesten Materialien kleine Blumen gebastelt und steckte die erste Serie sorgfältig an die Ästchen. Dann folgte Marcel, der Vater, mit dem ersten Lichterkranz und tags darauf schmückte Rahel das Bäumchen mit selbst gebastelten Sternen aus Trinkröhrchen. Nach der ersten Runde sah das Bäumchen natürlich noch etwas unfertig aus. Doch man konnte erahnen, dass bis Weihnachten ein wahres Schmuckstück den winterlich tristen Garten verschönern würde.

16. Dezember. Eine giftige Kälte herrschte an diesem Abend. Die Bise trieb Nebelschwaden über die Appenzellerhügel. Draussen hielt sich nur auf, wer unbedingt musste. Auch der Garten von Niederers schien menschenleer vor sich hinzudämmern – oder doch nicht? Plötzlich ein Knirschen: Eine Säge frass sich gierig in den Stamm des Tännchens. Doch es dauerte einige Zeit, bis er durchtrennt war. Schnell noch etwas Laub auf den aus der Erde ragenden Stumpf gestreut, das Tännchen vorsichtig gepackt und bald schon fielen erste Schneeflocken auf die Stelle, wo es gestanden hatte.

Luca war der erste, dem etwas auffiel. Er stand am Stubenfenster und brachte den Mund nicht mehr zu. Vater Niederer schluckte zuerst einmal leer und stürmte dann nach draussen. In der dünnen Schneeschicht lagen verstreut verschiedenfarbige Blumen, Messingdrahtglocken, Strohsterne, Stoffstreifen und … Wo waren die elektrischen Kerzen? Das Kabel war durchtrennt worden, sie waren weg.

Die Adventsstimmung bei Niederers fiel in den Minusbereich. Die beiden Buben durchstreiften tagelang eifrig und verbissen die Nachbarschaft auf der Suche nach dem Tännchen. Doch nirgends gab es eine Spur.

Es war am Abend des 22. Dezember, als es klingelte. Rahel öffnete die Tür und traute ihren Augen nicht. Draussen standen eine Frau, ein Mann und Tim, der Neue in ihrer Klasse. Neben ihnen das Tännchen. Und daneben ein noch etwas kleineres Tännchen in einem grossen Blumentopf. Nach einer Viertelstunde war alles klar. Familie Tobler feierte keine Weihnachten, das hatte sie noch nie getan. Deshalb war ihr Junge, Tim, auf die Idee gekommen, dass sie das dieses Jahr doch einmal tun könnten. Er hatte sich von seinen Eltern inständig ein Weihnachtsfest gewünscht, aber diese hatten abgelehnt. Kurz darauf hatte Tim zufällig den Baum im Garten von Niederers entdeckt und da war es für ihn klar gewesen: Wenn er seinen Eltern eine so hübsche Tanne bringen würde, könnten sie sich sicher für eine Weihnachtsfeier erwärmen.

Den Eltern Tobler war das Ganze äusserst peinlich. Vor drei Wochen erst war die Familie ins Dorf gezogen – und schon würden sie zum Ärgernis, befürchtete Frau Tobler. Mit dem Tännchen im Topf wollten sie etwas Schadenersatz leisten, ergänzte Herr Tobler. Man könne es am Ort des abgesägten Bäumchens einpflanzen und bestimmt sei es bald so gross, dass man es in der Adventszeit wieder schmücken könne.

Natürlich reagierten die Niederers zuerst empört. Doch als sie den zerknirschten Tim ansahen, konnten sie ihn auch ein wenig verstehen. «Wir können doch auch mit der Topftanne etwas Weihnachtliches machen», schlug Herr Niederer vor. «Etwas Weihnachtliches machen, Papi?» Rahel schaute ihren Vater fragend an. «Ja», meinte dieser, «und wenn Tim einverstanden ist, kann er uns sogar dabei helfen. Dann haben wir bis übermorgen sicher wieder ein ganz schmuckes Bäumchen im Garten und können mit diesem auch gleich Weihnachten feiern.» «Ja, ja, ja!» Tim blickte seine Eltern flehend an. «Bitte Mami, bitte Papi!» Toblers willigten nicht wirklich begeistert ein.

Und so geschah es, dass am 24. Dezember in einem Garten im Appenzellerland acht kleine Kerzen an einer Topftanne angezündet wurden. Je eine Kerze für alle Niederers und je eine Kerze für alle Toblers. Es wurde auch sonst ein ganz toller Weihnachtsabend – mit Spielen und gutem Essen und kleinen Aufmerksamkeiten. Als die Niederers am späteren Abend in den Weihnachtsgottesdienst fuhren, brachten sie auf dem Weg dorthin Herrn und Frau Tobler einen so glücklichen Tim zurück, dass man einen Moment lang den Eindruck hatte, den beiden sei ein erlöstes Lächeln über das Gesicht gehuscht.

Margrit Früh

DER GRITTIBÄNZ

Auch dieses Jahr durften Fredi und Karl ihrer Mutter helfen, für den Samichlaustag Elggermänner zu backen – so heissen bei uns im Thurgau die Zopfteigfiguren, die anderswo Grittibänzen genannt werden. Die beiden Buben widmeten sich eifrig ihrer Aufgabe, mischten die Zutaten und kneteten den Teig. Am Schluss durften sie auch jeder selber ein solches Männchen formen. Gespannt warteten sie, bis diese heiss und braun aus dem Backofen herauskamen.

Leider hatte jenes von Fredi ein etwas merkwürdiges Gesicht. Der Teig hatte sich verzogen und das Gesicht wirkte schief, fast als ob der kleine Teigmann eine Kapuze übergestülpt und einen Schal um den Hals geschlungen hätte. Karl bekam einen Lachanfall, als er den Grittibänz seines Bruders betrachtete, und wies stolz auf sein eigenes gelungenes Werk hin. Die Mutter aber fand, es seien doch beide Gebäcke gut geraten.

Karl fand spontan, dass er seinen Elggermann dem Götti schenken wolle. Doch was sollte nun Fredi mit seinem tun? «Bring ihn doch der Grossmutter ins Altersheim», schlug die Mutter vor, «sie hat sicher Freude an einem Geschenk zum Samichlaustag!» Fredi war nicht sehr begeistert. Er hatte seine Grossmutter zwar gerne, aber er war noch nie alleine zu Besuch bei ihr im Heim gewesen. Doch schliesslich machte er sich auf den Weg.

Das Heim musste er nicht lange suchen. Schwieriger war es dann, in dem grossen Haus den richtigen Gang und das richtige Zimmer zu finden. Als Fredi schliesslich am Ende eines langen Korridors angekommen war – dort, wo das Zimmer sein musste –, klopfte er höflich an und trat ein. Wie erschrak er, als er einer fremden Frau gegenüberstand. Sogleich ging ein Strahlen über deren Gesicht. Fredi wollte sich rückwärts wieder verziehen, aber schon rief die Frau: «Ach, wie schön, dass du doch noch kommst! Ich habe so lang gewartet. Aber ich habe es ja immer gewusst, dass ich dich noch einmal sehen werde. Komm doch herein, sei nicht so schüchtern. Und wo ist denn die Mama? Nun ja, sie hat sicher keine Zeit, da sie so viele Besuche machen muss.»

Fredi wusste nicht, was er tun sollte; er kam nicht dazu, überhaupt etwas zu sagen. Sie freute sich: «Aber jetzt bist ja du da, das ist die Hauptsache. Komm, ich mache dir einen Tee, oder willst du lieber Süssmost? Und ein paar Guetzli sind sicher auch noch da. Komm, setz dich an den Tisch.» Fredi hatte gar keine andere Wahl. Die alte Frau sah so glücklich aus, seit er ins Zimmer getreten war, dass er sie nicht

enttäuschen konnte. Sie hielt ihn offenbar für ihren Enkel. So nahm er denn zögernd Platz. Als er mit Getränk und Gebäck versorgt war, setzte sich auch die fremde Frau und überschüttete ihn mit Erzählungen, so dass er weiterhin nicht dazu kam, ihr zu erklären, wer er wirklich war. Schliesslich sah er keine andere Lösung mehr, als seiner Gastgeberin den Grittibänz zu überreichen. Sie bedankte sich überschwänglich und rief ein um das andere Mal, wie schön der sei. Dann stand sie auf, um ihn aufs Buffet zu stellen. Als sie sich wieder umdrehte, hatte Fredi schon die Flucht ergriffen.

Ganz verwirrt ging Fredi nach Hause, ohne noch bei seiner Grossmutter vorbeigeschaut zu haben. Seiner Mutter erzählte er nichts von seinem verunglückten Besuch. Er schämte sich, dass er das richtige Zimmer nicht gefunden hatte.

Kurz vor Weihnachten machte die Mutter noch einen Besuch im Altersheim. Beim Nachtessen erzählte sie: «Jetzt wird das Alter wirklich spürbar bei Grossmutter. Ich habe sie gefragt, ob der Elggermann gut geschmeckt habe und ob der Besuch von Fredi nett gewesen sei. Aber Grossmutter sagte, sie wisse nicht, wovon ich rede. Offensichtlich hat ihr Gedächtnis stark abgenommen.» Fredi sass still da und schaute angestrengt auf seinen Teller.

Am nächsten Tag rannte er nochmals zum Altersheim und dieses Mal fand er das richtige Zimmer auf Anhieb. Er erzählte seiner Grossmutter, was es mit dem Grittibänz auf sich habe, und erklärte ihr, wie leid es ihm tue, dass sie ihn nicht erhalten habe. Doch die Grossmutter lachte und fand, das mache gar nichts. Hingegen würde sie doch allzu gerne wissen, wo das Gebäck nun hingelangt sei. Aufgrund der Schilderung des Knaben fand sie rasch heraus, dass Fredi offenbar Frau Angst besucht hatte, die genau unter ihr wohnte. Und Grossmutter erzählte: «Weisst du, die Tochter von Frau Angst ist nach Amerika ausgewandert, und seither sehnt sich die alte Frau danach, ihren Enkel noch einmal zu sehen. Sie hat nun offenbar gedacht, du seist ihr Enkel, der doch noch gekommen sei. Jedenfalls war Frau Angst in letzter Zeit immer sehr bedrückt, aber kurz vor dem Samichlaustag wurde sie plötzlich wieder fröhlich und wirkte wie erlöst.» Nachdenklich fügte die Grossmutter noch hinzu, Fredi habe seine Sache schon gut gemacht. Denn dank der Verwechslung habe Frau Angst nun einige Wochen freudig statt sehnsüchtig und traurig verbracht – und das sei schliesslich die Hauptsache.

An Weihnachten bekam Frau Angst dann doch noch Besuch aus Amerika. Die Tochter war erstaunt, dass ihre Mutter gar nicht überrascht war über ihr Kommen. Diese aber sagte, der Enkel sei ja schliesslich schon da gewesen. Und als Beweis holte sie den Grittibänz vom Buffet, den sie nicht gegessen, sondern sorgfältig ausgestellt hatte, weil sie sich noch immer so über ihn freute. Nun ja, alte Menschen verwechseln manchmal etwas, dachte sich die Tochter und liess die Mutter in ihrem Glauben.

So blieb Fredis Elggermann auf dem Buffet von Frau Angst stehen, bis er langsam zu bröseln anfing. Trotz seinem schiefen Gesicht schien er leise zu lächeln.

Konrad Bruderer

UND DER ENGEL LÄCHELT

Frau Schweizer, die Lehrerin, war am Ende der Weihnachtsgeschichte angekommen. Eindringlich betonte sie die letzten Sätze:

«Und dann legte die Grossmutter dem kleinen Mädchen ihre Hand auf den Kopf und sagte: ‹Dies sollst du dir merken, denn es ist so wahr, wie dass ich dich sehe und du mich siehst. Nicht auf Lichter und Lampen kommt es an, und es liegt nicht an Mond und Sonne, sondern was nottut, ist, dass wir Augen haben, die Gottes Herrlichkeit sehen können.›»

Frau Schweizer legte das Buch aus der Hand und schaute die Kinder, denen sie die Geschichte am letzten Schultag vor Weihnachten vorgelesen hatte, reihum an. Sie wünsche ihnen ein schönes Weihnachtsfest, sagte sie – mit so viel Schnee, wie sie dort in Schweden hätten, wo die Grossmutter und das kleine Mädchen aus Selma Lagerlöfs Geschichte «Die Heilige Nacht» wohnten.

Und keine Viertelstunde später hatte der Engel den kleinen Isaak angelächelt! Das stand für den Jungen zweifelsfrei fest: Der dritte Engel links über dem Eingang der grossen Kirche hatte ihn angelächelt. Ihn, Isaak Christ, der in drei Monaten sieben Jahre alt wurde. Auf dem Heimweg nach der Schule, als er, wie immer, am Portal der Kirche vorbeiging.

Und nicht nur das: Auch eine Bewegung mit der Hand hatte der Engel gemacht, so, als wolle er sagen: «Du, ich drück dir die Daumen!» Was genau das war, was Isaak jetzt nötig hatte. Weil er doch dringend eine Idee brauchte, wegen seines Traums ...

Isaak hatte nämlich geträumt, dass seine Mutter und sein Vater in sein Zimmer kamen, das im Traum zwar mehr wie ein Stall aussah. Und sie kamen miteinander, wie früher, als sie noch alle drei in einer Wohnung wohnten, und nicht in zwei Wohnungen wie jetzt. Er hatte geträumt, dass sie miteinander an sein Bett traten, das im Traum allerdings mit Heu gefüllt war. Dass sie ihn anlächelten, wie der Engel vorhin. Und dass ...

Aber da war er dummerweise aufgewacht. Und jetzt fehlte ihm der Schluss des Traumes. Der doch unbedingt dazugehörte und den Isaak seither suchte. Nachts in seinen Träumen versuchte er, die Eltern wieder zusammenzubringen. Aber das war schwierig: Träume machen fast nie das, was man von ihnen erwartet. Tagsüber in seinen Wachträumen hing Isaak dem gleichen Gedanken nach. Das war einfacher und Isaak hatte auch schon einen Plan: Er wollte dafür sorgen, dass Mama und Papa zusammenkommen *mussten*. Denn wenn sie einmal wieder zusammenkämen, dann würden sie auch zusammenbleiben, das stand für Isaak so zweifelsfrei fest, wie dass der Engel ihn angelächelt hatte.

Aber eben: Wie bringt ein sechsdreiviertel Jahre alter Bub zwei so grosse und erst noch so verschiedene Menschen wie eine Mutter und einen Vater wieder zusammen, nachdem sie sich entzweit und aus einer Wohnung deren zwei gemacht haben? Was hatte er nicht schon alles in Gedanken durchgespielt und wieder verworfen: Den Samichlaus in beiden Wohnungen vorbeischicken – aber da müsste man dessen Handynummer kennen! Im Bett liegen bleiben und die Augen nicht mehr aufmachen, bis sein Traum Wirklichkeit wurde – aber das konnte echt langweilig werden! Sich im Park hinter der grossen Kirche so lange verstecken, bis sie ihn suchen kamen, beide. Aber wenn es dumm ginge, dann würde es in der Zwischenzeit dunkel, und das war dann weniger sein Fall!

Bis ihm vor einer Viertelstunde der Engel zugelächelt und mit seiner Handbewegung Mut gemacht hatte. Jetzt war ihm alles klar: Beim Engel mussten sie sich treffen! Dann musste es ganz einfach gut herauskommen mit dem Ende seines Traumes. Und überhaupt: Dann mussten sie sich ganz einfach wieder verstehen. Denn wer könnte einem lachenden, Daumen drückenden Engel widerstehen? Mama und Papa jedenfalls nicht!

Und so kam es denn, dass der kleine Isaak Christ zuerst seinen Vater zum Eingang der grossen Kirche bestellte, indem er ihn aus einer wichtigen Sitzung herausklingelte. Es war dort gerade diskutiert worden, wie sie in Vaters Firma das Weihnachtsgeschäft kurz vor dem Fest durch gemütvollere Werbung noch einmal voll ankurbeln könnten. Und dann löcherte er seine Mutter so lange, bis sie sich erweichen liess und mit ihm hinausging, zur grossen Kirche, um den lachenden Engel anzuschauen. Und dort ...

Eins ist jedenfalls sicher: Der Engel lächelt weiterhin. Und drückt die Daumen.

Christoph Semmler

DER KLEINE STERN

«A»lle aufstehen, ihr Faulpelze! Es ist Abend, die Sonne scheint schon ganz rot und ihr müsst bald auf euren Plätzen sein.» Die Stimme des Mondes klang laut und bestimmt durch den Himmel. Die Sterne streckten sich und gähnten. Schon wieder Abend! Dabei hatten sie so gut geschlafen. Sie hüpften aus ihren Betten. Also, los an den Himmel. Sie packten ihre Strahlen, mit denen sie den Menschen leuchten wollten, und gingen vor die Tür des Himmelszeltes. Der Abendstern voraus wie jeden Abend und alle anderen hintendrein. Jeder wusste, wo sein Platz war, und langsam fing der ganze Himmel hell zu leuchten an. «Schaut, die Sterne sind aufgegangen!», sagten die Eltern zu ihren Kindern. Sie blickten zum Himmel hinauf und wurden still vor dessen Pracht.

Auch der kleine Stern war an diesem Abend unterwegs zu seinem Platz. Er war noch nicht so lang am Himmel wie die anderen Sterne. Lieber spielte er im Himmelszelt, als hier draußen zu leuchten. Aber nun war er eben auch schon

STERN

alt genug, dass er mit den anderen Sternen am Himmel stehen musste. «Wenn es nur nicht Winter wäre», dachte der kleine Stern. Im Winter musste er nämlich besonders lange scheinen, weil die Nächte so lang waren. Und dann hatte er weniger Zeit zum Spielen. Im Winter mussten die Sterne auch ein besonders dickes Bündel Strahlen mitnehmen, um lange scheinen zu können, und das war gar nicht so einfach. Mit seinen kurzen Armen konnte er all die Strahlen noch fast nicht halten. Einmal hatte er einen verloren. Der Mond hatte geschimpft. «Pass doch auf deine Strahlen auf!», hatte er gerufen. Nur die Kinder auf der Erde hatten sich gefreut: «Schaut, eine Sternschnuppe!» Das hatte den Stern ein wenig getröstet.

Endlich war auch der kleine Stern an seinem Platz. Er machte es sich so bequem wie möglich und schickte die ersten Strahlen zur Erde hinunter. Das gelang ihm schon gut. Er war ein Stern, der sehr schön leuchtete. Dazwischen hörte er den anderen Sternen zu, wie sie miteinander redeten. «Morgen ist es so weit», sagte einer. «Was, schon morgen?», erwiderte ein anderer. «Bist du denn sicher, dass er morgen auf die Welt kommt?» «Gewiss, die Engel haben es gesagt. Sie üben sogar heute Abend noch im Chor, damit sie morgen gut singen können.» «Dann müssen wir ja noch unsere Strahlen polieren. Der Mond hat angeordnet, dass wir besonders schön leuchten sollen, wenn das Jesuskind auf die Welt kommt.» Das Jesuskind, dachte der kleine Stern, der Sohn von Gott. Wie er wohl aussehen wird? Der kleine Stern konnte es sich gar nicht richtig vorstellen.

Leuchtete er wohl auch, so wie Gott leuchtete, in diesem besonderen Licht, in dem einem immer ganz warm wurde? Der kleine Stern spürte, wie er sich auf die nächste Nacht freute, und zum ersten Mal war er sogar froh, dass er schon am Himmel leuchten konnte. So war er dabei und konnte alles sehen.

Als die Sonne aufging, machten sich die Sterne, einer nach dem anderen, auf, um wieder zurückzugehen ins Himmelszelt. Der kleine Stern wollte sich sogleich schlafen legen, aber der Mond hielt ihn zurück. «Halt, halt, warte. Heute müsst ihr alle zuerst eure Strahlen für den Abend auf Hochglanz bringen. Es ist jetzt sicher, dass Gottes Sohn in der nächsten Nacht auf die Welt kommt. Maria und Josef sind schon bald in Betlehem.» Die Sterne holten ihr Putzzeug hervor, nahmen jeder ein Bündel Strahlen und fingen zu polieren an. Auch der kleine Stern putzte eifrig. Als sie fertig waren, war der kleine Stern müde wie noch nie. Er fiel auf sein Bett und schlief ein.

Als er wieder erwachte, war es ganz dunkel. Ist es schon Abend?, dachte er und schaute sich um. Da erschrak er. Er war nämlich ganz allein. Wo waren denn all die anderen Sterne? Nein, das durfte nicht wahr sein, er hatte verschlafen. Ausgerechnet heute, wo das Jesuskind auf die Welt kommen sollte! Und das wollte er doch so gerne sehen! Dem kleinen Stern liefen die Tränen über die Wangen, als er vom Bett sprang und hinauslief. Wirklich, da stand nur noch sein Strahlenbündel, alle anderen waren weg. Die anderen Sterne hatten ihn in dieser besonderen Nacht ganz einfach vergessen. Schnell packte er seine wunderbar polierten Strahlen und lief, so schnell er konnte, zum Himmelszelt hinaus.

Vielleicht war es ja noch nicht zu spät, vielleicht durfte auch er scheinen, wenn der Sohn Gottes auf die Welt kam. Doch da passierte es: Vor lauter Eile stolperte der kleine Stern und alle Strahlen fielen ihm aus der Hand. Wie ein leuchtendes Band verstreuten sie sich hinter ihm über den Himmel. Oh nein, erschrak der Stern, wenn das der Mond sieht! Schnell wollte er die Strahlen wieder einsammeln. Doch in diesem Augenblick fingen die Engel an zu singen: «Der Heiland ist geboren!» Der kleine Stern schaute auf die Erde und sah genau unter sich, wie Maria in einem Stall ihren Knaben in die Arme nahm und Josef sich zärtlich über ihn beugte. Der sieht ja aus wie jedes andere Kind!, dachte der kleine Stern und vergass vor Erstaunen, seine Strahlen wieder einzusammeln. Die Menschen aber schauten zum Himmel hinauf und sagten zueinander: «Schaut, ein König ist uns geboren! Das ist das Zeichen: Ein besonderer Stern leuchtet ganz hell mit einem Schweif am Himmel!»

Und der Mond, der sehr wohl gesehen hatte, wie der kleine Stern seine Strahlen über den Himmel verstreut hatte? Er schwieg und lobte Gott – still für sich. Denn er hatte erkannt, wie selbst das Missgeschick eines kleinen Sterns in Gottes grossen Plan hineinpasste.

Josef Osterwalder

IM WEIHNACHTSWALD

Vom nahen Dorf klingen die Glocken. Jetzt ist es wieder so weit, denkt der kleine Hase, jetzt feiern sie Weihnachten. Er hoppelt durch den tiefen Schnee. Aber das ist für ihn keine Anstrengung mehr. Sobald die Glocken läuten, weiss er, dass die Menschen Weihnachten feiern. Dann ist endlich Ruhe im Wald.

Seit dem Herbst streifen die Jäger durch die Gegend. Die Hasen brauchen alle Tricks, um ihnen und ihren scharfen Hunden zu entkommen. Seit kurzem sind auch Fallensteller den Hasen auf der Spur. Sie fangen die kleinen Hasen und bringen sie in die Zoohandlungen. Dort werden sie in Käfige gesperrt. «Schöne Weihnachtsgeschenke für Kinder» heisst es dann im Schaufenster. Wehmütig denkt der kleine Hase an seine Freunde Hoppel und Rübenfreund, die plötzlich verschwunden sind. Ob sie Weihnachten in einer Bratpfanne oder als Spielzeug in den Händen eines Kindes erleben?

Der Hase ist nun dem Waldrand schon nahe. Dort steht die kleine Tanne, die er gerne besucht, meistens am Abend zur gleichen Zeit. Wie es ihr gehen mag? Jeden Tag hatte er Angst gehabt, dass jemand sie schneidet und als Christbaum heimträgt.

«Bist du ganz?», ruft der Hase von Weitem.

«Ja», empfängt ihn die kleine Tanne, «ich bin wieder einmal davongekommen. Nicht den kleinsten Ast habe ich verloren.» Die Tanne schüttelt ihre Äste. Der Hase sieht, wie schön und dicht ihre Nadeln sind.

«Wie mag es dem Reh gehen?», fragt der Tannenbaum.

«Um das Reh habe ich keine Angst», meint der Hase. «Den ganzen Tag habe ich keinen Jäger gesehen.»

Ein leises Rascheln ist zu hören und schon steht das junge Reh unter den Ästen der kleinen Tanne.

«Hört ihr das Läuten?», fragt das Reh.

«Ja», sagt die Tanne, «jetzt haben wir Ruhe vor den Menschen.»

«Die Glocken klingen nach Frieden», pflichtet der Hase bei.

«Frieden», seufzt das Reh, «wann wird endlich Frieden?» Und es denkt an die vielen Kameraden, die in diesem Jahr vor die Gewehre der Jäger geraten oder von den Hunden zu Tode gehetzt worden sind. Das Reh haucht seinen heissen Atem gegen den Stamm des Baumes, der kleine Hase schmiegt sanft sein Fell an die Wurzeln.

«Das ist schön», sagt die Tanne. Dann schweigen alle drei.

«Schaut», sagt das Reh, «hier ist wieder unser Stern.»

Die Tanne, der Hase und das Reh schauen nach oben.

Am klaren Himmel leuchten helle Sterne. Aber nicht zu diesen schauen sie auf. Direkt über der Tanne steht ein winzig kleiner Stern mit ganz schwachem Licht. Noch nie hat ein Mensch ihn angeschaut, nie jemand ein Gedicht über ihn geschrieben. Er hat nicht einmal einen Namen. Die Sternforscher gaben ihm nur eine Nummer: 050 671 314 G.

«Wie geht es euch?», fragt der Stern.

«Wir sind davongekommen», antwortet die Tanne.

«Ich bin in keinem Kochtopf gelandet», ruft das Reh.

«Und ich war schlauer als die Jäger», freut sich der Hase.

«Und wie geht es dir?», fragt der Tannenbaum den Stern.

Der kleine Stern klagt: «Auch dieses Jahr hat mich niemand gesehen. In den Städten haben die Menschen künstliche Sterne aufgehängt. Jetzt schauen sie nicht einmal mehr zum Himmel. Ich bin halt zu klein, um entdeckt zu werden.»

Und traurig fügt der Stern hinzu: «Wahrscheinlich werde ich nie jemandem eine Freude machen können.»

Dann schweigt auch er. Wieder läuten die Glocken und sprechen vom grossen Frieden. Die Freunde hören still zu. Sie sind einander nahe, da braucht es keine Worte mehr.

«Wir sind doch nicht allein», sagt plötzlich das Reh, «da kommt jemand.»

Der Hase und die Tanne strengen ihre Augen an. Jetzt sehen sie es auch.

«Das ist ein Mensch», sagt das Reh.

«Es ist ein Kind», meint die Tanne. Wenig später ist es

deutlich: Ein kleines Kind stapft über das grosse Feld. Es kommt direkt auf die kleine Tanne am Waldrand zu. Das Kind hat einen langen Schal um den Hals gewickelt und eine wollene Mütze über die Ohren gezogen. Aber die Handschuhe hat es vergessen. Die Hände hält es vor den Mund, um die Finger mit dem Atem warm zu halten.

«Was sucht das Kind hier?», fragt die Tanne.

«Vielleicht ist es von daheim ausgerissen», antwortet der Hase.

«Oder es hat keine Eltern mehr», mutmasst das Reh. Es seufzt, denn es hat seine Eltern schon lange bei einer Herbstjagd verloren.

Das Kind kommt nur langsam vorwärts. Der Schnee liegt hier tief.

«Ich helfe ihm», sagt der Hase und schon hüpft er auf das freie Feld hinaus.

«Ein Hase!», ruft das Kind. Es folgt dem Tier. Der Hase weiss, wo nur eine dünne Schicht Schnee liegt. Er zeigt dem Kind diese Stellen und hüpft ihm voraus. So kommen sie ohne Mühe bei der kleinen Tanne an. Das Kind blickt erstaunt auf das Reh, den kleinen Hasen und den Baum mit den dichten Ästen.

«Seid ihr die Weihnachtstiere?», fragt das Kind.

«Nein», sagt das Reh, «wir sind ganz gewöhnliche Tiere, aber wir haben einander lieb.» Es scharrt mit den Hufen am Boden, bis das dürre Gras hervorkommt. «Leg dich hin», sagt das Reh, «und ruh' dich aus.»

«Und du?», fragt der Knabe den Hasen, der seine warme

Nase an seine Wange hält, «bist du ein Weihnachtshase?»

«Nein», sagt der Hase, «ich bin ganz gewöhnlich, aber dafür habe ich dir etwas zu essen.» Er hoppelt davon und kommt kurze Zeit später mit einer grossen Rübe zurück.

«Bist du ein Christbaum?», fragt das Kind die Tanne, während es an der Rübe knabbert.

«Nein, sonst würde ich ja abgesägt in einer Stube stehen.» Nun beugt die Tanne ihre Äste ganz tief hinunter, so dass sie eine Hütte bilden, in der sich das Kind, der Hase und das Reh gegenseitig warm geben. Ganz dicht liegen die Äste des Baumes nebeneinander. Nur an einer Stelle bleibt ein kleiner Spalt offen. Und genau über dieser Öffnung steht der kleine Stern.

«Bist du der Weihnachtsstern?», fragt das Kind.

«Nein», sagt der Stern bescheiden.

«Du bist aber wunderschön», sagt das Kind.

«Das hat mir noch nie jemand gesagt», gesteht der Stern verlegen. Und er beginnt zu leuchten und zu strahlen wie nie zuvor.

«Danke», sagt der Knabe und ist schon eingeschlafen.

Der Morgen bringt ein böses Erwachen. Laute Stimmen klingen aus dem Dorf herüber. Männer schreien einander Wörter zu, Hunde kläffen. Das Reh und der Hase stieben davon. Eine Jagd? Am Weihnachtsmorgen? Aber die Männer sind nicht auf der Jagd, sie suchen ein Kind.

«Hier ist es», schreit einer.

Unter der kleinen Tanne finden sie das Kind, friedlich schlafend. Ein glückliches Lächeln liegt auf seinem Gesicht.

Sie heben es hoch und tragen es heim.

«Mein armes Kind», weint die Mutter.

«Der lausige Bengel!», schimpft der Vater.

Da schlägt das Kind die Augen auf.

«Wo bin ich?», ruft es verstört, «wo sind meine Freunde?»

«Ganz ruhig», antwortet die Mutter, «ich bin ja da. Schau, es gibt etwas Gutes zu Weihnachten.» Und schon ist sie in die Küche geeilt und kommt mit einem vollen Teller zurück. «Dein Lieblingsessen: Rehpfeffer!»

«Was habt ihr mit meinem Reh gemacht?», schreit der Knabe, nimmt den Teller und wirft ihn in die Ecke. Er lässt sich in seine Kissen fallen und heult. Die Mutter ist ratlos.

«Aber schau doch wenigsten den schönen Christbaum in der Stube an», bittet sie schliesslich. Dort steht eine kleine Tanne mit einem Stern auf der Spitze, der sein elektrisches Licht im ganzen Raum verbreitet.

«Ach, auch du hast sterben müssen», sagt das Kind wehmütig zum Baum und dann ruft es plötzlich voller Zorn: «Löscht diesen blöden Stern!»

«Was ist nur mit unserem Kind geschehen?», fragen sich die Eltern. «Seit es ausgerissen ist, hat es sich völlig verändert. Wir müssen einen Arzt holen.»

Noch am Weihnachtstag nehmen sie Kontakt zu einem Notfalldienst auf.

Es ist ein alter Arzt, der wenig später an der Tür klingelt. In der Hand hält er eine verschlissene Ledertasche. Er schaut dem Kind tief in die Augen. Dann sagt er zu den

Eltern: «Bitte warten Sie draussen, ich möchte Ihren Sohn allein untersuchen.»

Doch der Arzt nimmt kein einziges Instrument in die Hand, er öffnet nicht einmal seine Tasche, sondern er legt seine Hand auf die Stirn des Kindes.

«Du bist im Weihnachtswald gewesen, nicht wahr?»

«Ja», antwortet das Kind, «ich habe den Weihnachtswald gefunden. Hast du das gewusst?»

«Ja, das habe ich gleich an deinem Blick erkannt», sagt der Arzt. «Du hast die Tanne, den Hasen, das Reh und den Stern gefunden?»

Das Kind staunt: «Das weisst du alles?»

«Ja», flüstert der Arzt, «Weihnachtsmenschen wissen das.»

Dann gibt er dem Kind die Hand. «Von nun an haben wir beide miteinander ein Geheimnis.»

Nun öffnet der Arzt die Tür und erklärt den Eltern: «Es ist nichts Schlimmes mit Ihrem Kind. Aber vorläufig sollte es besser kein Fleisch mehr essen. Hingegen braucht es viel Rüben. Und in der Nacht sollte es immer einige Zeit am Fenster stehen können. Das hat eine beruhigende Wirkung.»

«Nun, wenn der Arzt es sagt», denken die Eltern und lassen das Kind am Fenster stehen, solange es will.

«Du bist wirklich schön», sagt das Kind zum kleinen Stern.

Und der strahlt plötzlich viel heller als bisher.

Andreas Ennulat

DIE ENGELSHARFE

Es war so wie jedes Jahr in der Nacht der Nächte in dem kleinen Dorf am Alpen-Nordrand: Nach der Heilignachtfeier in der kleinen Kirche standen die Einwohner und Einwohnerinnen auf dem Kirchplatz und warteten. In den Händen hielten sie kleine Säckchen mit Weizenkörnern, denn es war Tradition in diesem Dorf, dass sich die Menschen als Zeichen der Versöhnung für allen Streit und alle Uneinigkeit während des Jahres diese Säckchen als Geschenk überreichten. Sie warteten auf das Zeichen – ein Zeichen, von dem niemand wirklich wusste, woher es kam, aber es kam jedes Jahr: Von den Bergen tönte sanft die «Engelsharfe», wie die Alten sagten. Kaum einer wusste noch, wie es zu diesem Brauch gekommen war, doch schön war er – und gut tat es der Gemeinschaft im Dorf, sich allen Streit zu vergeben.

Und so warteten sie also auf das Zeichen, auf die Töne der Engelsharfe von den Bergen; alle, Männer und Frauen, Junge und Alte. Doch das Zeichen liess auf sich warten.

Unruhe kam auf, doch kein Unwillen, eher so etwas wie Angst, Ungewissheit. Es war doch immer so gewesen: Seit Generationen ertönte die Engelsharfe nach der Heilignachtfeier und ermöglichte so die Versöhnung untereinander. Doch kein Ton ertönte in dieser Nacht von den Bergen. Niemand verliess den Kirchplatz, man schaute sich fragend, ängstlich an: Was soll das bedeuten? Ausgerechnet in diesem Jahr 2001, am Anfang des neuen Jahrtausends?

Schliesslich versammelten sich alle wieder im Innern der Kirche, immer noch ihre Säckchen der Versöhnung zwischen den Händen. Stille herrschte, bis schliesslich einer fragte: «Weiss eigentlich jemand von euch, woher die Töne der Engelsharfe kommen?» Niemand konnte darauf eine Antwort geben. Ein etwa zehnjähriges Mädchen rief: «Vom Himmel!» Niemand sagte ein Wort. «Wir machen uns auf die Suche», sagte einer, «es kann doch nicht sein, dass es seit unser aller Gedenken diese Töne in der Heiligen Nacht gibt und heute nicht!» Auch wenn der Einwand laut wurde, dass schon andere versucht hätten, dem Geheimnis auf die Spur zu kommen, vereinbarte man, sich am nächsten Morgen miteinander auf die Suche zu machen.

Und so begaben sich die Dorfbewohner am nächsten Morgen – dem ersten Weihnachtstag – in drei Gruppen in die unbekannteren und eher unzugänglichen Hänge oberhalb des Dorfes, von wo schon immer die Töne der Engelsharfe gekommen waren. Miteinander waren sie über ihre Mobiltelefone in Kontakt. Es waren schon einige Stunden vergangen, als von der einen Gruppe die Nachricht kam, sie hätten oberhalb ihres Standortes im Fels eine ihnen unbekannte Hütte entdeckt. Schnell waren auch die beiden andern Gruppen vor Ort, und gemeinsam suchten sie nach einem Zugang zu der Hütte. Als sie ihn gefunden hatten, näherten sie sich vorsichtig. Sie hörten das Blöken von Schafen, und als sie als Erstes in den angrenzenden Stall schauten, sahen sie die Schafe vor leeren Futterkrippen stehen. Schnell füllten sie diese mit dem bereitliegenden Heu.

Dann stiessen sie vorsichtig die Tür zum Wohnbereich der Hütte auf, riefen «Ist hier jemand?», gingen durch eine spartanisch eingerichtete Küche in den Wohnraum und blieben wie angewurzelt in einem hellen, fast leeren Raum stehen: Vor ihnen stand sie, die Engelsharfe – stumm. Durch die halboffene Tür der angrenzenden Kammer hörten sie ein leises Stöhnen. In einem schmalen Bett liegend fanden sie einen alten, weisshaarigen Mann mit fiebrigen Augen, der sie bittend ansah.

Er brauchte dringend einen Arzt. Doch als man ihn aus der Hütte heraustragen wollte, waren seine ersten Worte: «Die Harfe!» Und so wurde nicht nur der Mann, sondern auch die Harfe talwärts gebracht.

Der alte Mann erholte sich schnell, und bereits am Stephanstag kamen die Dorfbewohner mit ihm in der Kirche zusammen, denn sie hatten so viele Fragen.

Da sassen sie nun: der alte Mann vom Berg und die Männer und Frauen, die Alten und Jungen, und in ihren Händen hielten sie ihre Säckchen der Versöhnung. Als der Alte diese sah, musste er still schmunzeln. Dann schaute er liebevoll sein Instrument an, die Harfe, die neben ihm stand. Niemand stellte eine Frage, aber alle warteten stumm auf eine Antwort. Und der Alte begann zu erzählen:

«Es war vor rund sechzig Jahren. Ich flüchtete vor der grossen dunklen Zeit in ganz Europa, ich flüchtete vor dem Krieg in die Berge. Hier oben kam ich zu jener Hütte im Fels und traf dort auf einen seltsamen, sehr alten Hirten, der seinen Schafen immer leise auf der Harfe vorspielte. Mit dem Lebensnotwendigsten versorgte er sich auf der anderen Seite des Berges – ein langer Weg –, doch er wollte nicht hier ins Dorf herabsteigen. Er fragte mich, ob ich ihm nicht helfen könne. So blieb ich bei ihm und lernte auch sein Instrument zu spielen. Ich erfuhr von dem alten Ritual und davon, dass in der Heiligen Nacht das Tal unterhalb der Hütte bespielt werden müsse: ‹Friede muss werden›, sagte er immer wieder, mehr zu sich selbst als zu mir.

Er erzählte mir, warum ihm dieser Satz so wichtig war. Genau wie ich war auch er ein vor der Gewalt des Krieges in die Berge geflüchteter Mensch: ‹Friede muss werden – und die Töne dieser Harfe bringen den Frieden›, sagte er.

Und dann erzählte er mir die Geschichte dieser Harfe: Alles hatte im Jahr 1817 begonnen, dem Jahr der grossen Hungersnot. In eurem Dorf» – der alte Hirte wies auf die vor ihm sitzenden Dorfbewohner – «herrschte ein grosser Streit zwischen denen, die noch zu essen hatten, und denen, die nichts mehr oder zu wenig hatten. Der Streit im Dorf eskalierte, als sich zwei junge Menschen, ein Mann und eine Frau, ineinander verliebten. Doch sie gehörten den miteinander zerstrittenen Familien an, und so konnte sich niemand über ihre Liebe freuen. Neid und Missgunst im Dorf führten dazu, dass die beiden eines Nachts das Dorf verliessen. Der Mann nahm seine Lieblingsschafe mit sich und die Frau eben diese Harfe, auf der sie wie ein Engel spielen konnte. Niemand im Dorf wusste, wohin sie gegangen waren. Jeder gab jedem die Schuld für das Verschwinden der beiden.

Es war in der Heiligen Nacht im Jahr 1817, als in der Hütte oben am Berg ein Kind zur Welt kam. Unten im Dorf sassen die Dorfbewohner mit hasserfüllten Gesichtern in der Kirche. Der Pfarrer wusste schliesslich nichts anderes mehr, als den Gottesdienst abzubrechen und alle hinaus in die eisige Kälte zu schicken. Draussen aber ertönte zum ersten Mal die Engelsharfe – es war das Willkommenslied der Mutter für das neugeborene Kind. Wie gebannt hörten die Dorfbewohner zu, wurden berührt von den sanften und versöhnlichen Tönen – ohne zu wissen, woher sie kamen; still und in sich gekehrt gingen sie nach Hause.

Am nächsten Morgen kamen sie alle wieder, die Hungernden mit um Verzeihung bittender Geste und die Wohlhabenden mit Weizenkorn und Butter, um mit den Hungernden zu teilen. Jedes Jahr spielte von nun an die junge Frau hoch am Berg oben für ihr Kind das Lied. Und ebenso wurde seither das Versöhnungsritual im Dorf gefeiert. Auch wenn der junge Mann und seine Frau allein und abgeschieden mit ihrem Kind – einem Jungen – am Berg wohnten, so erfuhren sie doch von der Veränderung im Dorf und freuten sich über diese Verbindung von ihrem Glück und der Versöhnungsbereitschaft im Dorf. Leider starb der junge Mann schon früh.

Der Junge aber lernte von der Mutter das Harfenspiel, lernte den Satz, ‹Friede muss werden›, und war auch nach ihrem Tod um das Spiel der Engelsharfe in der Heiligen Nacht besorgt. Als dann der Flüchtling aus dem Deutsch-Französischen Krieg in die Berge kam, bat der inzwischen längst zum Mann gewordene Junge den Flüchtling, in der Felsenhütte zu bleiben. Dieser lernte, die Harfe zu spielen, und führte die Tradition weiter – genau so, wie er dann später mich das Spiel und die Tradition lehrte.»

Traurigkeit überkam den alten Mann. «Und nun bricht die Tradition ab. Ich bin alt und habe niemanden mehr, der mir nachfolgt.» Als der Alte mit Tränen in den Augen aufblickte, sah er in das Gesicht des Mädchens, das in der Heiligen Nacht gemeint hatte, das Harfenspiel käme vom Himmel. Dann setzte er sich an sein Instrument und die Hände der Dorfbewohner umklammerten ihre Säckchen mit den Weizenkörnern.

Und nachher? Nun, der alte Mann wollte wieder zurück in seine Hütte. Dort wollte er leben und sterben. Und die Eltern des kleinen Mädchens entschieden sich, mit dem Alten und ihrem Kind und den Schafen in der Hütte oberhalb des Dorfes, in der Einsamkeit der Berge, zu leben. Schnell lernte das kleine Mädchen von dem Alten das Harfenspiel – und immer noch klingen in der Heiligen Nacht vom Berg die Töne der Engelsharfe herab.

«Friede muss werden …»

Regula Eugster

DER HERZKONGRESS

Der erste Herzkongress seit Menschengedenken fand im Universum, in der vierten Galaxie statt. Die Tagung wurde vom Präsidenten der vereinten Herzen eröffnet: «Meine lieben Kolleginnen und Kollegen, ich danke euch für euer Kommen. Wir wollen heute eine der wichtigsten Fragen besprechen: Wie muss ein Herz beschaffen sein, damit es Weihnachten möglichst nachhaltig erfahrbar machen kann?»

Am vordersten Tisch mit den geladenen Gästen räusperte sich eines der dort sitzenden Steinherzen: «Seht her, Kolleginnen und Kollegen, ich bin ein Herz aus Stein, unerschütterlich, ein ganzes Herz eben, das nicht brechen kann! Ich bin ganz da – und wage das Leben zu leben. Durch diese Eigenschaften wird Weihnachten erfahrbar.»

Beifall und Zurufe unterstrichen die Meinung des Redners.

«Du wirst durchaus einmal brechen, und dann endgültig, Steinherz!» Das Plastikherz hatte sich zum Rednerpult gedrängt und gestikulierte heftig. «Stein kann brechen, nicht aber ich, die ich aus Plastik bin! Ich bin leicht und formbar. Ich kann mich anpassen und ich bin biegsam. Deshalb wird durch mich Weihnachten erfahrbar.»

Schrille Pfiffe übertönten das Plastikherz.

Eine laute Stimme aus der hintersten Ecke meldete sich: «Du schmilzt schon bei der geringsten Hitze, Plastikherz, auf dich ist kein Verlass! Ich hingegen bin ein Fettherz und will und kann nicht brechen. Ich kann das Leben geniessen und bin deshalb für die Menschen die Verkörperung von Weihnachten.»

«Bei dir sieht man ja vor lauter Fett das Herz nicht mehr!» Alle lachten schallend über diesen Zwischenruf, der von irgendwo aus der Menge kam. Als wieder Ruhe eingekehrt war, stand ein weiteres Herz am Rednerpult. Kaum hatte die Herzversammlung das ungewohnt aussehende Geschöpf genauer gemustert, brach sie in neues Gelächter aus.

«Lacht ihr über mich, Freunde? Über meine von Narben überzogene Oberfläche und darüber, dass ich dadurch die Form eines Herzens verloren habe? Dann möchte ich euch fragen: Was ist die Aufgabe von uns Herzen?»

Laut klang es aus dem Raum zurück: «Funktionieren!» «Stark sein!» «Tüchtig sein und tüchtig bleiben bis ins hohe Alter!» «Zuverlässig sein!» «Sich an jede Situation anpassen!»

«Bitte löscht das Licht aus», bat das Narbenherz, «ich will euch meine Antwort zeigen!» Kaum war es im Raum

dunkel geworden, geschah etwas Merkwürdiges. Entlang der Narbennähte des Herzens sah man goldene Linien glänzen, die schimmernde Lichteffekte hervorbrachten. Das Hohngelächter, das den Raum erfüllt hatte, verstummte und ein Raunen breitete sich aus. Das Narbenherz drehte sich und begann zu tanzen. Dabei fügten sich die Lichtschimmer zu zauberhaften Mustern zusammen, die mit jeder Bewegung variierten. Als das Licht wieder angedreht wurde, stand am Rednerpult immer noch das Narbenherz, verformt und glanzlos wie zuvor.

«Versteht ihr, was ich sagen will? Das Wesentliche ist für die Augen unsichtbar. Das Wesentliche sind für mich die Bruchstellen an mir. An diesen wurde ich wirklich zum Herz – und dadurch habe ich Weihnachten erfahren.»

Johannes Stäubli

CHRISTNACHTFEIER – SELBSTGEMACHT

Drei Paare stapfen hintereinander durch das dichte Schneegestöber. Vorne die Eltern, der Vater hält den Schirm, die Mutter geht neben ihm. Dann Ruth, die Tochter, 18-jährig, mit ihrem Freund. Und am Schluss der 21-jährige Sohn Ruedi mit seiner neuen Freundin. Es schlägt gerade zehn Uhr, wie sie bei der Kirche eintreffen. Ruth mault: «Ich habe doch gesagt, wir sind viel zu früh. Nun können wir noch eine halbe Stunde lang herumsitzen!»

Die Kirche ist dunkel. Unter dem gedeckten Eingang stehen vier Männer in Appenzeller Tracht. Wahrscheinlich die Streichmusik, die während der Feier spielen soll. «Die Kirche ist zu», begrüsst einer der Musiker die Familie. «Ist die Mesmerin nicht da?», fragt Ruedis Vater. «Wir sind auf zehn Uhr verabredet», antwortet der Musiker, «aber es ist noch niemand gekommen.» Bereits treffen die ersten Gottesdienstbesucher ein. «Was ist denn los?», fragen einige. «Die Kirche ist zu», wiederholt der Musiker.

Da drängt sich eine Frau bis zur Kirchentür durch. Sie schliesst auf und macht das Licht an. Die Menschen strömen in den warmen Raum und suchen sich einen Platz. Ruedi und seine Familie setzen sich in die zweitvorderste Reihe. Ruedi schaut sich um und stellt fest: keine Kerzen am Baum, kein Schmuck, dafür am Boden eine grosse Schachtel mit Kerzen, die schon in den Kerzenhaltern stecken, daneben eine Schachtel mit Strohsternen und eine mit Christbaumkugeln. Hinter dem Baum steht eine grosse Bockleiter.

Ruedi stupst seine Freundin an und diese versteht sogleich. Ruth hingegen flüstert ihm zu, sie gehe lieber zuerst die Frau mit dem Schlüssel fragen, was los sei und ob sie einverstanden sei, wenn sie den Christbaum schmückten. Unterdessen drängen immer mehr Menschen in die Kirche.

Ruth kommt zurück. «Die Frau mit dem Schlüssel ist von der Kirchenvorsteherschaft. Sie hat mir gesagt, die Mesmerin liege mit einer schweren Grippe im Bett. Sie habe daraufhin die Pfarrerin informieren wollen, diese aber nicht erreicht. Nun wisse sie auch nicht, was man tun solle.»

Ruedi überlegt nicht lange. Er geht nach vorne, packt die Bockleiter, nimmt die Schachtel mit den Kerzen und zusammen mit seiner Freundin und Ruth beginnt er, den Baum zu schmücken. Keine zwei Minuten später haben sich schon fünf weitere Leute zu ihnen gesellt. Es schlägt halb elf Uhr, wie Ruedi anfängt, von der Bockleiter aus die Kerzen anzuzünden. Bald verbreitet sich das warme Licht der

Kerzen in der ganzen Kirche. Jemand schaltet das elektrische Licht aus.

Inzwischen telefoniert die Kirchenvorsteherin mit dem Handy. Sie scheint Hinweise zu bekommen, wie man das Kirchengeläut bedienen muss, jedenfalls beginnt es nun zu läuten. Alle warten gespannt auf die Pfarrerin. Nach fünf Minuten schweigen die Glocken und ungefragt beginnt die Streichmusik zu spielen.

Dann wird es still. Etwa zwei Minuten lang ist es so ruhig, dass man eine Stecknadel auf den Boden fallen hören könnte. Dann wird es in den Bänken unruhig. Da und dort hört man ein Tuscheln, dann wieder ein «Pssst». Die Kirchenvorsteherin kommt nach vorne, sichtbar verlegen. Sie schaut in die Menge und zuckt hilflos die Schultern. Leise sagt sie: «Sie ist nicht da.»

«Lauter!», ruft einer aus den hinteren Bankreihen. «Sie ist nicht da. Ich weiss nicht, ob sie kommt. Ich weiss nicht, wo sie ist. Ich habe jemanden bei ihr zu Hause vorbeigeschickt – alles ist dunkel. Telefonisch ist sie auch nicht erreichbar.» «Dann gehen wir halt wieder», klingt es aus der Menge. Einzelne stehen schon auf. Enttäuscht. Schütteln den Kopf.

Da kann Ruedi nicht mehr sitzen bleiben. Spontan geht er nach vorne und stellt sich neben die Kirchenvorsteherin. «Halt!», ruft er. «Warten Sie noch einen Moment! Ich mache Ihnen einen Vorschlag. Dann können Sie immer noch entscheiden, ob Sie bleiben oder gehen wollen.» Die Leute setzen sich wieder.

«Die Pfarrerin ist offenbar nicht da», beginnt Ruedi. «Aber wir haben Musiker hier, wir haben das Kirchengesangbuch, wir können also Musik hören, singen, die Weihnachtsgeschichte erzählen – ist das nicht genug, um Weihnachten zu feiern?» Einen Moment lang ist es ruhig. Die Leute denken nach. Jetzt, wo die Kerzen brennen, so viele gekommen sind, man sich in der Kirche geborgen fühlt, wieso sollte man da wieder ins Schneegestöber hinausgehen?

«Und wer macht was?», fragt jemand. Ruedi überlegt: «Es braucht jemanden, der mit dem Klavier die Lieder begleitet, jemanden, der betet, jemanden, der die Weihnachtsgeschichte vorliest, und jemanden, der ansagt, was als nächstes kommt. Ich schlage vor, dass wir fünf Minuten Bedenkzeit einschalten, und dann kommen jene, die sich beteiligen möchten, nach vorne.»

Es wird getuschelt. Umhergeschaut, wer wohl nach vorne geht. Ein Jugendlicher entschliesst sich dazu, dann eine ältere Bauersfrau. Mehr Personen getrauen sich offenbar nicht. Ruedi ist erleichtert, wie sich der Jugendliche bereit erklärt, die Lieder zu begleiten. Die ältere Frau will mit der Gemeinde beten, am Anfang und am Ende. Und die Moderation des Ganzen? Ruedi schaut zuerst seine Freundin an. Sie schüttelt den Kopf. Sie ist zu fremd in diesem Dorf. Doch da kommt Ruth nach vorne. Sie würde durch den Gottesdienst führen, wenn Ruedi dafür etwas mit der Weihnachtsgeschichte macht.

Ruedi ergreift das Handmikrofon: «Nun können wir beginnen. Wir freuen uns, wenn Sie mit uns feiern.» Einige stehen auf und verlassen die Kirche. Ruedi hat Herzklopfen. Es trifft ihn, wie er einen der Hinausgehenden halblaut sagen hört, das hätte ihm grad noch gefehlt, mit einem solchen «Schnöderlig» Christnacht zu feiern. Natürlich, denkt Ruedi, war ich als Jugendlicher kein Engel, und trotzdem ... Die Reihen lichten sich. Etwa ein Viertel der Gottesdienstbesucher und -besucherinnen verlässt die Kirche.

Jetzt wird es feierlich still. Ruth bittet die Leute, zum ersten Lied aufzustehen. Es klappt alles wie eingespielt. Nach dem Lied kommt die ältere Frau nach vorne. Ruhig betet sie. Dankt Gott für das Weihnachtswunder, bittet um offene Herzen und um die Gegenwart Gottes in dieser Feier. Amen. Während dieser Zeit schickt Ruedi vier SMS ab: «Brauche dich dringend. Komm sofort in die Kirche. Ruedi.» Er hofft, dass niemand ihn beobachtet.

Alle setzen sich wieder. Ruth kündet an, man lese jetzt miteinander die Weihnachtsgeschichte, man finde sie im Gesangbuch, Nummer 382. Das Blättern geht los. Dann beginnt Ruedi, langsam zu lesen – er, der nie besonders gut vorlesen konnte. Noch zögern die Leute. Zuerst eine, zwei, dann immer mehr Stimmen fallen ein. Ruedi spürt, wie er von den andern getragen wird. Doch gleichzeitig schaut er auch immer wieder nervös zur Eingangstür. Erstaunt stellt er fest, dass einige, welche die Feier verlassen hatten, wieder gekommen sind. Sie haben nun grosse Taschen bei sich. Was soll denn das?, denkt er und wird unruhig. Doch dann entdeckt er endlich jene, die er erwartet hat: Drei junge Männer stehen etwas verlegen neben der Kirchentür.

Nach der Lesung der Geschichte winkt Ruedi die drei zu sich nach vorne. Als sie miteinander noch im Religionsunterricht gewesen seien, hätten sie die Weihnachtsgeschichte aufgeführt, erklärt er der Gemeinde. Zwar wüssten sie den Text nicht mehr auswendig, aber sie wollten der Gemeinde frei improvisiert die Szenen der Geschichte vor Augen führen. Allerdings könne die Kollegin, die damals die Maria gespielt habe, nicht kommen, ob vielleicht jemand …? Eine junge Mutter aus der Gemeinde steht spontan auf und gesellt sich zu den jungen Männern.

Josef und Maria gehen, ausgestattet mit Mikrofonen, zum Kircheneingang. Zuerst hört man sie nur, wie Josef über den Kaiser schimpft, nicht immer in der Sprache Kanaans. Wie er die Armen rupfe und die Reichen schone. Maria muss ihn immer wieder einmal unterbrechen, damit sie sich über den langen Weg beklagen kann.

Wie die beiden vorne angekommen sind, beginnt Maria heftig zu atmen und schreit dann Josef an: «Schnell, ein Messer! Die Nabelschnur! Und dann hol warmes Wasser.» Josef ist dermassen verdattert, dass er nicht weiss, was er tun soll. Die Festgemeinde ist schockiert. So realistisch hat sie sich Jesu Geburt noch nie vorgestellt.

Ruedi gibt der Streichmusik einen Wink. Nach dem Zwischenspiel sind die Hirten an der Reihe. Sie unterhalten sich über ihr Leben, bis ihnen der Stoff ausgeht und der eine fragt, wann denn endlich der Engel komme. «Es hat keinen Engel!», ruft jemand von hinten. Darauf meint der Hirte: «Ohne Engel machen wir uns sicher nicht auf den Weg!»

Da drängt sich ein kleines Mädchen durch die Reihen, nimmt einem der Hirten das Mikrofon aus der Hand und sagt laut und deutlich, als habe es auch schon den Engel gespielt: «Fürchtet euch nicht. Für euch ist der Heiland auf die Welt gekommen. Ihr findet ihn in Betlehem, um eine Krippe gewickelt.» Das Mädchen stockt und wiederholt: «Ihr findet ihn, in Windeln gewickelt, in einer Krippe.»

Die beiden Hirten haben verdutzt zugehört. «Jo», meint der eine, «dann müssen wir wohl.» Wie sie bei Maria und Josef angekommen sind, stellt er fest: «Dieses Kind soll also unser Heiland sein. So hat es der Engel jedenfalls gesagt. Aber ich glaube es erst, wenn es zum Heiland geworden ist. Jetzt ist es ja nur ein Säugling.» Der andere Hirt nickt.

Nun ergreift Ruth das Mikrofon und kündet das nächste Lied an: «Kommet, ihr Hirten.» Die ältere Frau betet ein weiteres Gebet und anschliessend fallen alle ins Unservater ein. Wie das Schlusslied verklungen ist, steht die Kirchenvorsteherin vor der Gemeinde. «Diese Feier hat mich sehr berührt», sagt sie. «Ich bedanke mich ganz herzlich bei allen, die so spontan mitgemacht haben – und vor allem bei den jungen Menschen, für die ein solches Engagement in der Kirche heute längst nicht mehr selbstverständlich ist.» Da beginnt einer auf der Empore zu klatschen. Die Nächsten fallen ein und schliesslich erfüllt ein geradezu himmlisches Rauschen die mitternächtliche Kirche.

Gerade will die Streichmusik mit dem Ausgangsspiel beginnen, da kommen zwei Frauen nach vorne und laden dazu ein, noch ein wenig zu bleiben. Sie hätten heissen Punsch, Kaffee und Weihnachtsguetzli mitgebracht. Backen liege ihnen eben näher als Lesen und Beten. Und während die Streichmusik wieder aufspielt, helfen einige Gottesdienstbesucher mit, Tische aufzustellen. Schon bilden sich Trauben von fröhlich schwatzenden Menschen.

Da geht erneut die Kirchentür auf und eine Gruppe junger Menschen drängt sich in die Kirche. Sie schauen sich um und gehen dann auf Ruedi zu: «Wir haben gehört, da gibt's ein Fest. Wir sind mit dabei!» Die Jungen mischen sich unter die Gottesdienstbesucher, essen Weihnachtsguetzli, trinken Punsch und plaudern. Wie die Streichmusik mit Spielen aufhört, stellen sie einen CD-Player auf den Abendmahlstisch und schlagen vor, man könne ja auch einmal tanzen. Sie drehen die Musik auf und bald machen auch Ruedi, seine Freundin, Ruth und ihr Freund mit. Die älteren Erwachsenen halten sich noch zurück. Wie dann aber der Beatles-Song «All you need is love» ertönt, hält es niemanden mehr an seinem Platz.

Es wird die längste Christnachtfeier, die es im Dorf je gegeben hat – aber auch jene, von der man noch am längsten redet. Und die Menschen im Ort begegnen sich seither aufmerksamer.

Lars Syring

DER LANGE WEG NACH HAUSE

Johnny Brown war ein kleiner Junge, der vor rund hundert Jahren im Wilden Westen lebte. Doch für die Kindheit blieb ihm wenig Zeit. Sein Vater Joe hatte die Familie verlassen. Er war geflohen, nachdem er den Sheriff erschossen hatte. Es war reine Notwehr gewesen, doch für Joe wurde es ungemütlich in der kleinen Stadt. Er verliess noch in der gleichen Nacht sein Zuhause und nahm nur das einzige Foto der Familie mit. Und die Tränen in seinen Augen.

Wochen später klärte sich die Situation: Johnnys Vater würde nicht zur Rechenschaft gezogen werden. Der Sheriff, korrupt wie er war, hatte ihm eine Falle gestellt. Joe hatte es rechtzeitig bemerkt. Viele Worte machte man in dieser Gegend nicht. Man griff lieber gleich zum Gewehr.

Johnny blieb allein zurück mit seiner Mutter Mary und seiner Schwester, die die Mutter kurz nach der Flucht des Vaters auf die Welt gebracht hatte. Johnny hatte geholfen, so gut es ging. Als er wenige Tage nach der Geburt allein an Roses Bettchen stand, versprach er ihr, er werde ihren Daddy finden und zurückholen.

Tag für Tag lief Johnny auf den Hügel vor der Ranch und schaute in die Weite. Dem Horizont entgegen. In die Richtung, aus der er seinen Vater erwartete. Aber der kam nicht. Auch kein Brief. Niemand wusste, wo Joe war. Und so konnte ihm auch niemand berichten, dass sich die Wogen geglättet hatten. Dass er als freier Mann zurückkehren könne.

Als Johnny fünfzehn Jahre alt war, beschloss er, sich auf den Weg zu machen.

«Mum», sagte er, «ich muss Daddy finden. Ich habe es Rose versprochen.»

«Ach, Johnny, nicht auch noch du», sagte sie. «Ich habe schon einen Mann verloren. Ich will dich nicht auch noch verlieren.»

«Aber ich kann nicht anders», entgegnete Johnny. «Ich muss Daddy finden. Ich lebe schon viel zu lange ohne ihn.» Und nach einer Pause fügte er hinzu: «Spätestens Weihnachten bin ich wieder zu Hause. Du kannst dich darauf verlassen.»

Dann stieg er auf sein Pferd, gab ihm die Sporen und ritt hinaus in die Prärie.

Mary blieb allein mit Rose auf der Ranch zurück. Und nun war es Rose, die Tag für Tag auf den Hügel vor der Ranch lief und Ausschau hielt. Den Blick dem Horizont entgegen. In die Richtung, aus der sie ihren Bruder und ihren Vater erwartete.

Inzwischen hatte sich der Sommer verabschiedet und Herbststürme peitschten über die Prärie. Die Tage wurden kürzer und kälter. Johnny war schon einen Monat unterwegs. Endlich lag New Orleans vor ihm. Diese aufstrebende Stadt, in der er hoffte, seinen Vater zu finden. Johnny ging in den erstbesten Saloon. Er hatte seit Tagen nichts Richtiges mehr gegessen.

«Hey, Cowboy, was darf's sein?», fragte der Mann an der Bar, noch bevor Johnny sich gesetzt hatte.

«Ein Spiegelei mit Schinken und eine Cola», sagte Johnny.

«Okay, Kleiner. Dann setz dich mal hin.»

Am Tisch nebenan sass ein Cowboy und starrte trübsinnig in sein leeres Whiskeyglas. Johnny fühlte sich von der Traurigkeit des Mannes seltsam angezogen.

«Was ist denn los mit Ihnen?», fragte er.

«Ach, das ist eine lange Geschichte.»

«Ich hab Zeit», sagte Johnny. «Erzählen Sie doch.»

Und so erzählte der Cowboy, wie er kurz vor seiner Hochzeit beim Pokerspiel betrogen worden war und Haus und Hof verloren hatte. Den Betrüger habe er daraufhin zur Rechenschaft ziehen wollen, ein Duell war schon abgemacht. Doch dann sei ein seltsamer Mann gekommen und habe die Sache geregelt. Er wisse nicht wie, aber jedenfalls habe ihm der Betrüger ziemlich kleinlaut Haus und Hof zurückgegeben.

«Unglaublich. Das ist doch schön», meinte Johnny.

«Ja. Aber es hat einen Haken. Ich hatte zwar Haus und Hof wieder, aber meine Verlobte war weg. Sie hat mir nichts mehr zugetraut und ist mit einem anderen durchgebrannt.»

«Was war denn das für ein Mann, der Ihnen geholfen hat?», wollte Johnny wissen.

«Keine Ahnung. Habe den noch nie vorher gesehen.»

«Wissen Sie, wo er hingegangen ist?» Johnnys Neugier war geweckt.

«Nein … Doch. Warte. Ich hab ihn einige Tage später in einem anderen Saloon gesehen. Er sass da und ass Spiegelei mit Schinken. Neben seinem Teller stand eine Cola.»
Genauso wie bei mir, dachte Johnny.

«Ich wollte ihn nicht stören. Er starrte unentwegt vor sich auf den Tisch. Ich wusste zuerst nicht, warum. Aber als er mit dem Essen fertig war, hab ich es begriffen.» Der Cowboy machte eine Pause. «Er nahm ein vergilbtes Foto vom Tisch und – naja – dann strich er zärtlich mit dem Finger darüber.»

«Konnten Sie sehen, was für ein Foto das war?» Johnny spürte, wie sich ein komisches Gefühl in seiner Magengegend breit machte.

«Ich bin zu ihm rüber, wollte mich bedanken für seine Hilfe. Aber er steckte das Foto sofort ein, offenbar wollte er nicht, dass ich es sehe.»

«Wissen Sie, wo ich diesen Mann finden kann?»
«Keine Ahnung.» Der Cowboy stand auf: «Mach's gut, Junge. Und danke fürs Zuhören.»

Johnny blieb allein zurück. Seinen Hunger hatte er vergessen.

«Haben Sie die Geschichte eben gehört?», fragte er den Mann an der Bar.

«Nein. Aber der Cowboy erzählt immer dieselbe Geschichte.»

«Kennen Sie den Mann, der ihm geholfen hat?»

«Na, sicher kenn ich den. Der kommt hier dann und wann mal vorbei. Ist auch so ein seltsamer Kauz. Spricht kaum. Hat keine Freunde. Aber ab und zu braucht er etwas Anständiges zum Essen.»

«Wissen Sie, wie er heisst?»

«Alle nennen ihn Joe. Aber ob das sein richtiger Name ist, weiss ich nicht.»

Johnny spürte, dass sein Daddy zum Greifen nah war. «Haben Sie ein Zimmer für mich?», fragte er. «Kann ich heute Nacht hier bleiben?»

«Klar, Junge. Die Drei ist frei. Komm, ich zeig dir das Zimmer.»

Johnny nahm all seinen Mut zusammen: «Und wenn dieser Joe wieder kommt, sagen Sie mir Bescheid?»

«Ich weiss zwar nicht, was du von ihm willst. Aber wenn du meinst, sag ich dir Bescheid. Klar.»

Johnny legte sich aufs Bett und döste vor sich hin. Bis es tatsächlich an der Tür klopfte. Er brauchte einen Moment, bis er wieder wusste, wo er war. Es klopfte noch einmal. «Wach auf, er ist da!» Sogleich war Johnny hellwach. Sein Herz pochte bis zum Hals. Er riss die Tür auf und folgte dem Barmann die Treppe hinunter. Unauffällig zeigte dieser auf einen Mann, der allein an einem Tisch sass und gerade den Schinken auf seinem Teller in kleine Stücke schnitt.

«Daddy!», schrie Johnny. Der Mann zuckte zusammen. Diese Stimme kannte er, auch wenn er sie schon lange nicht mehr gehört hatte. Er blickte auf und sah einen jungen Mann auf sich zustürzen. Mühelos erkannte er das Gesicht, das er über Jahre hinweg auf dem Foto betrachtet hatte, auch wenn es nun kein Kindergesicht mehr war. Er sprang auf – gerade noch rechtzeitig, sonst hätte Johnny ihn umgerannt. Vater und Sohn fielen sich in die Arme. Und dann sagte lange Zeit niemand mehr etwas.

«Soso», ertönte schliesslich eine Stimme neben ihnen. Es war der Barmann, der ein wenig verlegen grinste. «Jetzt verstehe ich.» Er verschwand und kam mit einem verstaubten Adventskranz zurück. «Eigentlich wollte ich den wegschmeissen. Advent, das interessiert hier keinen mehr. Wilder Westen und Weihnachten, das scheint nicht zusammenzupassen.» Er schaute die beiden an. «Aber wenn ich euch jetzt so sehe, dann finde ich es den richtigen Moment, um Advent zu feiern.» Er ratschte ein Streichholz an der Stuhllehne an und meinte: «Bei so viel Liebe wird einem ja ganz warm ums Herz.»

«Ist es denn schon wieder Advent?», fragte Joe.

«Ja. Und es wird Zeit, dass du nach Hause kommst», sagte Johnny.

«Aber du weisst doch, dass ich nicht zurückkommen kann.»

Da erzählte Johnny seinem Vater die ganze lange Geschichte. Und je länger er erzählte, umso leichter wurde es Joe ums Herz.

«Wie gut, dass du mich gefunden hast», sagte er. «Dann reiten wir morgen zurück zu Mum.»

Als nach Wochen des Unterwegsseins ihr Städtchen in Sicht kam, stand der Heilige Abend vor der Tür.

Joe hielt sein Pferd an: «Warte hier auf mich.»

Er verschwand im nahen Wäldchen. Nach einer Weile kam er mit einer struppigen kleinen Kiefer unter dem Arm zurück. «So. Wenn wir zu Hause sind, feiern wir Weihnachten. Mit allem, was dazugehört.»

Als sie um die nächste Biegung geritten waren, sahen sie Rose, die auf dem Hügel vor ihrer Ranch stand und Ausschau hielt nach ihrem Bruder und ihrem Vater. Sie lief ihnen voller Freude entgegen. Wenig später kamen sie zu dritt durch das grosse Tor der Ranch geritten. Mary stand vor dem Haus und traute ihren Augen nicht. Rose sass vorne auf dem Pferd von Johnny und winkte Mary zu, nachdem sie sich die Tränen aus den Augen gewischt hatte.

Ich will nicht zu rührselig werden. Das passt nicht zu den Geschichten aus dem Wilden Westen. Nur so viel sei noch verraten: Nachdem die Familie am Heiligen Abend zusammen «Stille Nacht» gesungen hatte, mussten die Kinder bald zu Bett gehen. Mary und Joe brauchten Zeit für sich. Sie hatten sich so viel zu erzählen.

Hildegard Aepli

MANONS HERZ

Ich verabschiede mich von meiner Familie. Bald geht es los – zu Fuss von St. Gallen nach Jerusalem. Während sieben Monaten werde ich unterwegs sein: durch elf Länder, in denen man mindestens neun verschiedene Sprachen spricht, auf einer Strecke von 4300 Kilometern. Zu viert werden wir den langen Weg gehen, den wir jetzt, im Juni 2011, beginnen und an Weihnachten in Jerusalem beenden wollen.

Alle sind sie gekommen, um uns in einer schlichten Feier Adieu zu sagen. Die Eltern, die Geschwister mit ihren Familien, ein paar Freunde. Ich bitte sie, mich für die lange Reise zu segnen. Sie tun es. Mit einem Kreuzzeichen und Weihwasser. Im Namen des Vaters und des Sohnes und des heiligen Geistes. Die Kinder mit geschwellter Brust, die Jugendlichen etwas verlegen, die Geschwister mit Zuspruch und Tränen in den Augen, der Vater mit Stolz, die Mutter schluchzend. Noch während der Feier sehe ich, dass Manon, meine Nichte, weint. Sie weint noch immer, wie die Feier zu Ende ist. Ihre Mutter versucht, sie zu trösten. Sie weint weiter. Ich gehe auf sie zu, nehme sie in die Arme und frage: «Manon, warum bist du so traurig?» Das Mädchen antwortet ohne Zögern: «Ich verstehe einfach nicht, warum du so lange, so weit weg gehen willst!» Ich schlucke verlegen. Manon spricht etwas an, das viele bewegt. Es ist die Sorge meiner ganzen Familie. Wie wird es mir ergehen? Ich kann mich nicht mehr erinnern, was ich dem Mädchen antworte. Sie befreit sich aus meinen Armen und rennt davon. Wenig später taucht sie wieder auf, ausser Atem. Sie nimmt ihre Lieblingskette mit dem silbernen Herzen vom Hals, die sie in ihrer Tasche gesucht und sich umgehängt hatte, und überreicht sie mir: «Das schenke ich dir.» Ich bin sprachlos. Das Kind schenkt mir sein Kostbarstes, sein Herz, für meinen grossen Weg ins Ungewisse.

Manons Herz findet Platz in meiner Bauchtasche. Es geht mit. Tag für Tag. Wir wandern durch das Südtirol, durch Slowenien, Kroatien, Serbien, Bulgarien, die Türkei, Syrien und Jordanien nach Israel und Palästina. Diesen geschichtsträchtigen Weg zu gehen, war die Vision eines Mitglieds unserer Gruppe gewesen, und der Funke war auf uns alle übergesprungen. Wir gehen im Bewusstsein, dass der Pilgerweg nach Jerusalem – einst der älteste christliche Pilgerweg – zum Weg der Kreuzzüge wurde und bis heute durch eine von Kriegen geprägte Region führt. Unser Pilgern soll ein «Gehen für den Frieden» sein; betend, meditierend und mit Begegnungen wollen wir während unserer Reise für Versöhnung einstehen.

Die Zeit, die wir unterwegs sind, ist eine wunderbare Zeit. Es ist eine harte Zeit. Es ist eine Zeit mit den unglaublichsten

Geschichten von Gastfreundschaft, von hilfsbereiten Menschen, von Anteilnahme und Unterstützung. Es ist eine Zeit voller Strapazen, mit Spannungen in der Gruppe, inneren Kämpfen, Grenzerfahrungen und Krisen. Es ist eine Zeit ganz nah am Leben. Wir spüren, Gottes Vorsehung ist da. Wir sind geführt und begleitet. Es ist eine unvergessliche Zeit.

Anfang Advent treffen wir in Amman, der Hauptstadt von Jordanien, ein. Unser Ziel ist nun ganz nahe. Bis Jerusalem sind es nur noch wenige Tagesetappen. Doch weil eine Gruppe von Leuten aus der Schweiz mit uns das letzte Wegstück gehen will, müssen wir drei Wochen in der Wüstenstadt auf diese warten. Ein schrecklicher Gedanke für mich. Ich wäre gerne endlich angekommen am lang ersehnten Ziel. Jetzt muss ich warten. Drei Wochen warten an einem Ort, an dem es mir nicht gefällt. Zum Glück geht mir auf, wie gut das Warten in die Adventszeit passt. Plötzlich bekommt es einen tieferen Sinn. Die Vorfreude auf die Ankunft bekommt mehr Raum.

Am 23. Dezember erreichen wir Jerusalem. Kurz vor Sonnenuntergang treffen wir auf dem Ölberg ein. Der erste Blick auf die heilige Stadt ist unbeschreiblich. Meine Mitpilger weinen. Später, beim Betreten der Grabes- und Auferstehungskirche, steigen auch mir die Tränen auf. Es ist eine Erschütterung, es ist Erlösung: Wir haben es geschafft, wir haben zusammen unser Ziel erreichen dürfen, wir sind angekommen.

Am 24. Dezember nehmen wir das allerletzte Stück Weg unter die Füsse. Wir wollen in Betlehem Weihnachten feiern.

Ein kurzer Abschnitt bis dorthin, doch es regnet wie aus Kübeln. Im Caritas Baby Hospital, dem Kinderspital, wo Not leidende Familien jener Region Hilfe für ihre kranken Kinder erhalten, sind wir angemeldet. Weil unser Kommen vergessen ging, richten wir uns im Wartesaal ein. Palästinensische Frauen und Männer kommen mit ihren kleinen Kindern. Sie setzen sich neben uns und warten auf einen Arzt. Wir ziehen unsere durchnässten Kleider aus und beginnen, unser Picknick auszupacken: ein trockenes Sandwich, ein zu hart gekochtes Ei, ein Süssgetränk, das nicht schmeckt. Das ist unser Weihnachtsessen. Niemand beklagt sich. Niemand vermisst etwas. Das Wichtigste ist, dass wir Schutz vor dem Regen gefunden haben. Mir geht durch den Kopf, dass dieser Abend nicht besser zu den vergangenen sieben Monaten passen könnte. Wir bekommen alles, was wir brauchen, zur rechten Zeit.

In der Kapelle des Spitals dürfen wir schliesslich unseren Weihnachtsgottesdienst feiern. Ich gehe als Erstes zur Krippe. Sie besteht aus kleinen geschnitzten Holzfiguren: Maria, Josef und das Jesuskind. In meiner Bauchtasche bewahre ich noch immer die Kette von Manon auf. Beim Abschied habe ich dem Mädchen versprochen, an Weihnachten ihr Herz zum Kind in die Krippe zu legen. Das kann ich jetzt tun. Manons Herz ist weit gewandert und heil angekommen. Ich lege es in die offenen Arme der kleinen Holzfigur. Das Jesuskind scheint zu lächeln und mit der einen Hand zu winken. Es ist wie ein Gruss – ich schicke ihn Manon weiter.

Thomas Gugger

AUF DER SUCHE
NACH WEIHNACHTEN

Heiligabend, Stress pur: Soeben hat Vater den Rollladen am Tante-Emma-Laden nach dem – hoffentlich – umsatzträchtigsten Tag des Jahres heruntergelassen. Mutter ist in der Küche beschäftigt: Zubereiten einer Unmenge belegter Brötchen, wie jedes Jahr. Die Schwester hilft wortlos, Toastbrot um Toastbrot zu streichen. «Bub, kannst du heuer den Weihnachtsbaum schmücken? Mir reicht die Zeit nicht mehr», klingt es müde aus der Küche. «Jaaa», sage ich und denke: Typisch, muss der Jüngste wieder für die weihnachtliche Stimmung sorgen. Mit so viel Sorgfalt, wie man das von einem pubertierenden Sechzehnjährigen verlangen kann, schmücke ich die karge, junge Rottanne: Äpfel polieren, mit Faden versehen und anbinden, rote Kerzen aufstecken und zum Schluss Lamettafäden verteilen – oder das, was vom letzten Jahr davon zu retten gewesen war.

Da, plötzlich beschleicht mich dieses sonderbare Gefühl wieder, das sich an Weihnachten von Jahr zu Jahr ausgeprägter meldet. Ich kann es nicht einordnen. Äusserlich stimmt doch alles: Familienfest, Tannenbaum, Geschenke, Abfallberge, alles, was zu Weihnachten gehört. Aber in mir drinnen, da fühlt es sich so leer an, so hohl, irgendwie sinnlos. Soll das Weihnachten sein? Ich ziehe mich deprimiert in mein Zimmer zurück, lasse mich aufs Bett fallen und starre an die Zimmerdecke. Am liebsten würde ich hier bleiben, für mich ganz alleine feiern, wenn da nur nicht dieses beklemmende Gefühl der Leere wäre. «Gott, wo ...» – ich komme nicht weiter. In der Küche wird's laut. Meine älteren Geschwister sind heimgekommen.

Und so nimmt der Abend seinen Lauf wie jedes Jahr: Nachtessen in der Stube, steigender Lärmpegel, die Luft zum Abschneiden. Anzünden der Kerzen, kurzes Bestaunen der Lichter. Vater nimmt «Das Beste» von Reader's Digest zur Hand, in dem wie jedes Jahr sicherlich eine Weihnachtsgeschichte abgedruckt ist. Während er sie vorliest, versinke ich in meine Gedanken. Nur kurz, denn schon naht der Tiefpunkt der alljährlichen Feier: das Singen. Singen, das wäre noch akzeptabel, aber Jahr für Jahr meint mein ältester Bruder, dass er uns mit seinem Trompetenspiel erfreuen könne. Deine Trompete werde ich am nächsten Flohmarkt verscherbeln, merken wirst du es sowieso erst in einem Jahr, denke ich mir. Himmlische Klänge zur Flöte meiner Schwester: «O du fröhliche, o du selige, gnadenbringende Weihnachtszeit.» Schöne Bescherung, denke ich und lasse den anschliessenden Päcklimarathon ebenso über mich ergehen wie den Fruchtsalat zum Dessert.

«Bub, geht es dir nicht gut oder bist du krank? Du bist so wortkarg heute Abend.» Mutter schaut mir besorgt ins Gesicht. «Nein, ich bin einfach müde und gehe jetzt schlafen. Gute Nacht. Und danke noch für den Rollkragenpullover.» Doch wie ich im Hausgang stehe, steige ich nicht die Treppe hoch ins Zimmer. Ich ergreife Jacke, Mütze und Handschuhe, ziehe die Winterstiefel an und verlasse fluchtartig das Haus.

Draussen ist dunkle Nacht. Eine kalte Bise schlägt mir entgegen und kühlt mein erhitztes Gemüt. Schnaubend stapfe ich durch den Schnee, den Hügel hinter dem Dorf hinauf. Oben auf der Kuppe bleibe ich das erste Mal stehen, atme tief und blicke umher. Um mich nur noch Schnee, Nebel und weiss-schwarze Tannen. Ich fühle mich ausgesetzt. Bitterkalt stichelt die Bise in mein ungeschütztes Gesicht. In den Ohren das Pfeifen des Windes. Kälte dringt durch die Kleider bis auf meine Haut. Wie lange würde ich das aushalten? Die Augen tränen, der Blick beginnt langsam zu verschwimmen. Mein Verstand sagt: Diesem Wind kannst du nicht allzu lange standhalten. Ob sie mich überhaupt vermissen würden, zu Hause, wenn ich jetzt hier …?

Ich suche Schutz hinter einer Tanne. Sofort beginnt sich mein Gesicht zu entspannen. Das Pfeifen des Windes verstummt. Ich höre das ruhige Rauschen des Winterwaldes. Wenigstens vor Wind und durchdringender Kälte bin ich jetzt geschützt. Die innere Unruhe treibt mich trotzdem immer tiefer in den Wald. Es ist finstere

Nacht, nicht einmal die Spitzen der Tannen kann ich sehen.

Plötzlich ergreift mich Panik: Im eiligen Vorwärtsgehen habe ich weder auf die Richtung noch auf Wegzeichen geachtet. Wo bin ich hergekommen? Wie finde ich zurück? Hier, unter dem dichten Tannendach, liegt nicht so viel Schnee, dass er mir erlauben würde, mich an meinen Spuren zu orientieren. Würde ich am Ende hier, im schwarzen Winterwald, die Nacht verbringen müssen? Wieder spüre ich in mir diese Angst – Angst davor, dass ich hier im Wald ... Wie betäubt haste ich aufs Geratewohl weiter.

Aber da, was ist das? Das dichte Tannengestrüpp wird spärlicher und ich trete hinaus auf eine Lichtung. Diese ist erhellt durch das sanfte Licht einer Laterne. Ihr Lichtstrahl ist diffus, denn der Schnee lagert sich am Laternenglas ab und wächst in die Höhe. Wird er das Licht ersticken? Nein, das Licht brennt weiter. Plötzlich habe ich den Eindruck, als ob ein solches Licht auch in mir zu brennen beginne. Es trotzt dem Wind und dem Schnee. Wie geht das? Sanft, fast unsichtbar ist es gehalten von oben, wie von einer Hand. So kann es nicht erlöschen. Dieses Gehaltensein spüre ich in dem Moment ganz tief in mir, und es macht mich ruhig. Unweigerlich kommt mir ein Lied in den Sinn, das ich in der Cevi-Jugendgruppe gelernt habe. Ich beginne zu summen: «Zünde an dein Feuer, Herr, im Herzen mir, hell mög' es brennen, lieber Heiland dir.» Beim Refrain kann ich nicht anders, als trotz meines Stimmbruchs loszukrächzen: «Quelle des Lebens und der Freude Quell, du machst das

Dunkel meiner Seele hell.» In mir verspüre ich einen tiefen Frieden.

Erst jetzt erkenne ich im Schein der Laterne den Wegweiser und den schmalen Pfad, der in mein Dorf führt. Durchfroren, aber überglücklich stapfe ich dem Waldrand entgegen und von dort dem Tal zu. Bald sehe ich von Weitem die erleuchteten Fenster unseres Hauses. Da kommen sie mir wieder in den Sinn, Bruchstücke aus der folgenden Liedstrophe: «In der Weltnacht Dunkel leuchte mir als Stern! Herr, bleibe bei mir, sei mir niemals fern.»

So tief und beglückt habe ich noch nie den Weihnachtsmorgen erschlafen. Beim Frühstück schaut mich die Mutter prüfend an und sagt: «Gell, Bub, gestern hatten wir wieder eine schöne Weihnachtsfeier?» «Ja», antworte ich. «Aber weisst du, Mutter, es stimmt eben, was in der Bibel steht: Jesus ist ausserhalb des Weihnachtsrummels, in einem Stall auf dem Feld, in die Welt gekommen.»

Ich weiss bis heute nicht, ob meine Mutter diesen Satz verstanden hat.

Charlie Wenk-Schlegel

WENN MENSCHEN ZU
ENGELN WERDEN

E s war kurz vor Weihnachten, am zweiten Adventssonn-
tag. In der Predigt sprach ich über Johannes den Täu-
fer und seine Reden am Ufer des Jordan: «Wer zwei Hem-
den hat, teile mit dem, der keines hat, und wer zu essen hat,
tue desgleichen.» (Lk 3,11)

Nach dem Gottesdienst dann die Überraschung. Ein
Mann sprach mich an: «Könnten Sie tausend Franken brauchen? Wissen Sie, für Menschen, die es schwer haben, gerade an Weihnachten. Meine Frau und ich haben beschlossen: So viel, wie wir für Geschenke ausgeben, so viel
möchten wir auch an andere Menschen, die wir nicht kennen, weitergeben.»

Ich wusste sehr wohl von Menschen, die das Geld brau-
chen konnten. Zum Beispiel von zwei alleinerziehenden
Müttern, die finanziell nicht auf Rosen gebettet waren.
Frau K. war tief bewegt, als ich ihr das Geld überbrachte:
«Jetzt kann ich Fabrice endlich den Fussballbeitrag für das
nächste halbe Jahr bezahlen! Und neue Kickschuhe liegen

auch noch drin. Das ist etwas, was er sich von ganzem Herzen gewünscht hat.» Mit dem nächsten Besuch brachte ich Frau T. zum Strahlen: «Darf ich das Geld für einen Kurs verwenden? Ich möchte meine KV-Kenntnisse auffrischen.» Von der Freude der beiden Frauen angesteckt, erzählte ich am Heiligen Abend im Mitternachtsgottesdienst vom Engel, der hinter dem Geldboten gestanden hatte, und vom Strahlen der alleinerziehenden Mütter.

Ein Jahr später rief mich ein Gemeindemitglied an: «Sie haben doch letztes Jahr im Gottesdienst die wahre Geschichte von den tausend Franken erzählt. Wissen Sie, die von den beiden Familien, von dem Jungen mit dem Fussballkurs und der Frau mit der KV-Ausbildung. Dieses Jahr möchte ich Ihnen auch tausend Franken vorbeibringen.» Einen Moment lang fehlten mir die Worte, so sehr freute ich mich. «Noch so gerne», antwortete ich dann.

Wir vereinbarten einen Termin. Kurz vor der abgemachten Zeit klingelte es an der Tür. Doch es war nicht der Mann vom Telefon, sondern der Spender vom vergangenen Jahr. «Hier bin ich wieder – Sie wissen schon – die tausend Franken …» Kaum hatte ich das Geld entgegengenommen und mich herzlich bedankt, klingelte es zum zweiten Mal. Es war der neue Geldengel. Während der eine sich verabschiedete, betrat der andere das Haus. Unter der Tür begegneten sie sich, grüssten sich kurz und gingen weiter. Keiner von beiden wusste, wer der andere war und was er bei mir wollte. Schliesslich ist das ja auch ganz biblisch, dachte ich für mich: Die linke Hand soll nicht wissen, was die rechte tut …

Ich brauche nicht weiter auszuführen, wovon die Weihnachtspredigt in diesem Jahr handelte. Noch selten haben die Zuhörenden jedenfalls so wohlwollend geschmunzelt. Und das Schöne dabei: Seither freuen sich an Weihnachten immer mehr Familien, die mit knappen Finanzen durchkommen müssen. Denn im Briefkasten liegt plötzlich ein Umschlag mit Geldnoten. Jemand hatte mir vorher einen Brief zugesteckt: «Es ist doch bald Weihnachten. Und Sie wissen sicher, wer in Ihrer Gemeinde das Geld brauchen kann.» Eine andere Familie bringt mir regelmässig Reiseschecks vorbei.

Diese Geldboten – manchmal frage ich mich, ob sie wohl verwandt sind mit den Weihnachtsengeln auf dem Feld vor Betlehem. Und ob dies eine moderne Art ist, die Botschaft von damals weiterzutragen?

Christoph Möhl

UND SIE FANDEN EINE HERBERGE

Ganz nah bei uns, in einem der nächsten Dörfer, lebt «eine Familie in einem Stall», erzählt Max ziemlich aufgeregt. Genauer: eine Mutter und ihre drei Kinder. Der Vater verbüsse eine Gefängnisstrafe. Vermögen habe die Familie keines, deshalb werde sie während der Abwesenheit des Vaters von der Fürsorge unterstützt. Doch das Geld reiche nur knapp für den Lebensunterhalt.

Max ist Mitglied der Gruppe «Solidarität» unserer Kirchgemeinde, die gegründet wurde, um wenig populäre Projekte zu unterstützen. Die Mitglieder zahlen jeden Monat ein Prozent ihres Gehalts auf ein Konto ein. Ausserdem übernehmen sie verschiedene freiwillige Dienste. So begleiten sie zum Beispiel am Wochenende Gefangene zum Baden, Skilaufen oder auf Wanderungen. Bei einem solchen Einsatz hat Max vom Schicksal der Familie erfahren.

Wegen der finanziellen Probleme habe die Frau die grosse Wohnung aufgegeben, die sich die Familie bisher geleistet hatte. Sie hätten eben auf zu grossem Fuss gelebt, habe ihm der Strafgefangene gestanden. Das sei auch der Grund für die Dummheit gewesen, die er begangen habe und derentwegen er jetzt «sitze» – so erzählt Max weiter. Im Dorf finde die Frau nun aber keine Wohnung mehr. Die Hausbesitzer fürchteten um ihre Miete. Niemand wolle mit der Frau eines «Eingelochten» einen Mietvertrag abschliessen. Wo sie auch anfrage, verlange man drei Monatsmieten im Voraus. Letzthin habe ihr eine Hausbesitzerin, statt ihr die Wohnung zu zeigen, eine Hunderternote zugesteckt, aus Mitleid und um sich loszukaufen. Für die Wohnungssuchende sei das eine reine Demütigung gewesen.

Der Familie sei schliesslich nur das Angebot von entfernten Verwandten geblieben. Das alte Ehepaar hätte vor Jahren seinen Bauernbetrieb aufgegeben. Der grosse leer stehende Stall hätte sich als Notunterkunft angeboten, auch zum Einstellen der Möbel gebe es darin Platz genug. Da hause die Frau nun mit den Kindern – mehr, als dass sie wohne. Sie bereite die Mahlzeiten auf einem Spirituskocher zu. Im Stall gebe es fliessendes Wasser, das WC sei im Wohnhaus der Verwandten, die Familie dürfe es mitbenutzen. Der junge Vater leide unter dieser Situation. Er schäme sich, denn er lebe im Gefängnis unter besseren Umständen als seine Frau und seine Kinder. Diese sollten doch nicht derart mitbestraft werden.

Die Geschichte bewegt uns und wir treffen uns wenig später zu einer Sitzung. Nach einigem Überlegen, wer von uns Wohnraum zur Verfügung stellen oder vermitteln könnte, schmieden wir einen waghalsigen Plan: Wir mieten als Gruppe selber eine Wohnung. Max ist bereit, mit der jungen Frau zusammen auf Wohnungssuche zu gehen. Er bekommt Kredit aus unserer Gruppenkasse: Mietvorschuss für ein Vierteljahr. Max und die junge Mutter lesen sich von nun an unermüdlich durch Inserateseiten, fragen im Bekanntenkreis nach freien Wohnungen und konsultieren die Pinnwand im Einkaufszentrum. Sie verhandeln mit Wohnungsanbietern und -anbieterinnen, schauen sich Dreizimmer-Wohnungen an. Zu viel Zeit sollte nicht verstreichen. Es ist schon Herbst und das Provisorium der Familie ist nicht heizbar.

Zwei Wohnungen passen. Nun aber kommt die Stunde der Wahrheit: Dass die «alleinerziehende Mutter», von der wir bisher sprachen, durchaus einen Mann hat, dieser aber eine zweijährige Haftstrafe absitzt, muss jetzt gesagt werden. Max winkt mit einem Scheck, verspricht zusätzliche Garantien. Das reicht dem einen Vermieter nicht. Bei der zweiten Adresse hilft der Hinweis, dass auch ein Pfarrer hinter der Gruppe und dem ungewöhnlichen Mietgesuch stehe.

Das nächste Problem ist der Umzug. Doch unsere Gruppe packt der Übermut. «Das erledigen wir gleich selber!», heisst es einstimmig an der nächsten Sitzung. Drei starke Männer stellen sich als Umzugsequipe zur Verfügung, organisieren einen Lieferwagen. Meine Frau und ich versprechen einen deftigen «Zügelmänner-Znacht».

Bei Kartoffelsalat und Wurst erzählen die drei dann vom Umzug. Die Möbel hätten sie teilweise vom Stroh befreien müssen. Gut lüften müsse man sie wohl auch: Es rieche nach

Stall, sobald man Schranktüren oder Schubladen öffne. Aber die junge Mutter hätte alles gut vorbereitet gehabt. Jetzt lägen die Kinder schon im Bett, sie selbst sei noch dabei, die Kisten auszuräumen.

Einen Christbaum wollen wir als Gruppe kurz vor Weihnachten noch vorbeibringen und ein paar Geschenke. Und dabei gleich in Erfahrung bringen, ob sonst noch etwas Wichtiges fehlt. Die Stimmung unter uns wird immer ausgelassener, besonders, als noch ein Anruf aus der Haftanstalt kommt. Der Vater hat erfahren, dass der Umzug gut über die Bühne gegangen ist und darf sich telefonisch bei uns bedanken – mit Spezialerlaubnis der Gefängnisleitung.

Freilich: Abgeschlossen ist die Herbergssuche noch nicht. Am Heiligen Abend kommt wieder ein Telefonanruf: Dieses Mal ist es der Fürsorger. Man habe die junge Frau als Notfall ins Spital einliefern müssen und suche nach Plätzen für die Kinder. Ob vielleicht im Pfarrhaus ein Kinderbett frei wäre für das Kleinste? Die beiden Grösseren könnten bei ihm unterkommen.

So hat unsere Familie dieses Jahr ein Kleines unterm Christbaum. Zwar nicht gerade ein Krippenkind, sondern einen Bub, der gut ein Jahr alt ist und gerade auf dem Hosenboden herumrutschen kann. «So viel Aufregung in der Weihnachtszeit hatten wir schon lange nicht mehr», sagt meine Frau, wie die Kerzen brennen. «Aber», sie blickt aufmerksam zum Kleinen, der nach den Zweigen zu greifen versucht, «ich hätte nicht gedacht, dass die Weihnachtsgeschichte dabei so nah an uns herankommen könnte.»

Peter Schüle

DER WEG ZUR KAPELLE

«W»issen Sie», sagt mein muslimischer Gesprächspartner, «ich bin ein liberaler Muslim. Ich könnte durchaus mitkommen, wenn Sie zur Besinnung in die
Kapelle gehen, ohne dass ich darin einen Widerspruch zu
meinem Glauben sähe. Aber ich war eben auch schon jah-
relang in keiner Moschee mehr.»

Wir sitzen im Aufenthaltsraum der geschlossenen Abtei-
lung der psychiatrischen Klinik Littenheid. Die Seelsorge
in der Klinik gehörte zu den Aufgaben meines ehemaligen
Pfarramts in Sirnach. Den Mittwochmorgen verbringe ich
jeweils im Tagesraum der Klinik und suche das Gespräch
mit den Patientinnen und Patienten, die sich je nach Be-
dürfnis der Gruppe anschliessen können – oder auch nicht.
Das Thema ergibt sich meist spontan. Wir reden über das,
was die Anwesenden beschäftigt, manchmal zu zweit,
manchmal in der Gruppe. Oft kommen wir dabei auf ein
Bild zu sprechen, das an der Wand hängt: das Foto einer
einsamen Kapelle auf einer Waldlichtung. Eine Person mit

schwarzem Gewand und rotem Regenschirm, offenbar ein Geistlicher, geht auf die Kapelle zu. «Wenn Religion so schlicht wäre, so menschlich, dann fände ich wieder Zugang dazu. So würde sie mir helfen», höre ich immer wieder von den Patientinnen und Patienten.

Das Bild beschäftigt heute auch den muslimischen Patienten. Denn ich habe ihn eingeladen, die Klinikkapelle mit mir zu besuchen – wie ich jeden Mittwoch im Anschluss an die Gespräche die Patientinnen und Patienten dazu einlade. «Nein, das geht nun doch nicht. Eben, weil ich schon so lange in keiner Moschee mehr war. Zuerst muss ich Gott in meiner eigenen Religion neu begegnen. Das würde er wahrscheinlich nicht verstehen, wenn ich als Erstes in eine christliche Kirche gehen würde, um ihn dort nach so langer Zeit wieder zu suchen.»

Letzte Woche, kurz vor Weihnachten, haben wir miteinander über die Jahreslosung gesprochen. Sie stammt aus dem Buch Jesaja: «Ja, Gott ist meine Rettung. Ihm will ich vertrauen und niemals verzagen.» (Jes 12,2) Das Niemals-Verzagen beschäftigte meinen Gesprächspartner stark und ebenso die Gestaltung dieses Wortes auf dem Losungsbild: Dunkel und verwirrend sieht es dort auf der Welt aus, doch alles Geschehen wendet sich einem fernen Licht zu, das über dem Horizont steht. Man darf also verzagen und dies auch zeigen, hat mein Gesprächspartner erkannt. Doch auch seine Ängste sind daraufhin aufgebrochen und er hat sich eingestanden, wie sehr ihn seine unsichere Lage als nicht anerkannter Flüchtling in der Schweiz belastet. In einem behutsamen Gespräch sind wir seiner Angst, den Verwicklungen, Unsicherheiten und den Gründen für sein fehlendes Vertrauen nachgegangen. Und haben dabei – mehr andeutungsweise als ausgesprochen – Verbindendes, Befreiendes und Hilfreiches im Christentum und im Islam entdeckt. Es waren kleine Schritte auf einem Weg.

Inzwischen sind die Weihnachtstage vorbei und heute, kurz vor dem Dreikönigstag, habe ich den Patienten mit einer muslimischen Gebetskette in der Hand im Aufenthaltsraum angetroffen. Übers Wochenende durfte er in seine Wohnung gehen, dort hat er zum ersten Mal seit vielen Jahren den Koran wieder hervorgeholt, der verstaubt und versteckt hinter anderen Büchern stand. Und in den letzten Tagen hat er, unterstützt von der Gebetskette und ihren 33 Perlen, in drei Durchgängen die 99 Namen Allahs ausgesprochen und zu ihm gebetet. Er hat dabei gespürt, wie seine Unruhe und Angst abnahmen. Der hundertste Name schliesslich, der gemäss muslimischer Auffassung unaussprechbar ist, Gottes ganz persönlicher Name, half ihm zu vertrauen und nicht zu verzagen, wie schwierig seine Situation auch immer sein mag.

Natürlich verstehe ich, dass mein muslimischer Gesprächspartner nicht als Erstes ein fremdes Religionsgebäude aufsuchen will, sondern das eigene. Und so gehe ich heute mit anderen Patientinnen und Patienten den Weg zur Kapelle. In Gedanken jedoch nehme ich meinen Gesprächspartner mit. Ich bin zutiefst dankbar für das, was ich mit ihm erleben durfte: Dass das Gespräch über menschliche Angst miteinander verbinden und die Quellen der eigenen Religion neu fliessen lassen kann.

Im offenen Gespräch mit Andersglaubenden war es sonst oft ich selber, der die Erfahrung machte, der eigenen Religion näher zu kommen. Jetzt habe ich erlebt, dass es auch anderen so gehen kann: Ausgehend von einem Bibeltext hat ein Muslim zu seinen religiösen Wurzeln zurückgefunden. Das ist für mich wie Weihnachten. Auch wenn wir jetzt schon fast Dreikönigstag haben: jener Tag, der als Epiphanias ins Kirchenjahr eingegangen ist – als Fest der «Erscheinung des Herrn», der Mensch geworden ist, für alle Menschen.

Bernhard Brack

KAFFEESTUBE AN WEIHNACHTEN

Die ersten Menschen waren eingetroffen an diesem nass-kalten Weihnachtsnachmittag, tranken Kaffee und assen Kuchen. Freiwillige aus der Kirchgemeinde hatten ge-backen und alles vorbereitet, damit Frauen und Männer, die sich während der Feiertage allein fühlten, hier zusammen-kommen und ein bisschen Geborgenheit finden konnten. Als Sozialarbeiter der Pfarrei war ich wie in anderen Jahren für die Leitung der Kaffeestube zuständig, doch ich versuchte immer auch ganz da zu sein für die Menschen.

Ein Mann betrat die Kaffeestube. Er fiel auf durch seinen leicht vorgebeugten Oberkörper und die dicke Glasbrille, die in der Wärme gleich anlief. Erst auf den zweiten Blick bemerkte ich seinen Rucksack und den Mann hinter ihm, der älter war und zur Begrüssung nur kurz Augenkontakt mit mir aufnahm, um dann gleich wieder auf den Boden zu schauen. Ob sie hier übernachten könnten, fragte der Mann mit der Brille in gebrochenem Deutsch. Er putzte seine Brille und setzte sie wieder auf.

Wir seien eine Kaffeestube, antwortete ich, aber sie sollten doch hereinkommen. Einen Kaffee könnten wir ihnen zumindest anbieten und auch ein Stück Kuchen. «Ich komme Ungarn», begann er zu erzählen. «Ungarn schlecht. Ich Automechaniker, verdiene zweihundert bis zweihundertfünfzig Euro im Monat. Wenig, sehr wenig. Ich gespart, nach Portugal gefahren, Arbeit suchen, Spanien, Frankreich, Schweiz, aber keine Arbeit finden. Ich überall zu Hause. Aber was tun ohne Arbeit?»

Sie hätten nur noch wenig Geld und ein Hotel in St. Gallen sei für sie zu teuer. Gestern seien sie in der Weihnachtsmesse gewesen. Das sei schön gewesen. Sie hätten zwar kein Wort verstanden, aber die Lichter und die Wärme hätten ihnen wohlgetan. Sie seien wohl die Einzigen in der Kathedrale gewesen, die gespürt hätten, wie warm die anderen Menschen gaben. Danach seien sie durch die Stadt geirrt und hätten nach einem warmen Platz gesucht. Ja, wenn sie nur ein bisschen von dem Stroh gehabt hätten, das für die Krippen in den Schaufenstern verwendet worden sei … Im Bahnhofsgebäude hätten sie sich auf eine Bank gelegt, seien dann aber wieder vertrieben worden. Während der jüngere wortreich erzählte, sagte der ältere Mann kein Wort, schaute nur auf seinen Teller, der inzwischen leer war. Sie seien sich unterwegs begegnet, erklärte der Erzähler, der Ältere komme auch aus Ungarn, spreche aber kein Wort Deutsch oder Englisch. Er sei Lastwagenfahrer und suche ebenfalls Arbeit.

«Ich überall zu Hause», fuhr der Wanderarbeiter fort. «Mutter mag mich nicht, Vater kenne ich nicht. Grossmutter habe ich vor zehn Tagen besucht, dann wieder losgereist, über Wien. Jede Haltestelle ausgestiegen, weil Kondukteur mich sonst erwischt. Ich kein Geld für Billett. Und jetzt hier.»

In der «Herberge zur Heimat», die Menschen in Notsituationen Unterkunft gewährt, war noch ein Zimmer für zwei Personen frei. Erleichterung auf allen Seiten, nachdem ich das den beiden nach einem kurzen Telefon mitteilen konnte. Sie bedankten sich herzlich, der ältere Mann mit Kopfnicken, und verabschiedeten sich nach dem zweiten Stück Kuchen. Sie seien müde, sie hätten jetzt nur noch den Wunsch, sich hinzulegen und zu schlafen.

Ich schaute auf die brennenden Kerzen auf den Tischen, sah dahinter die Gesichter der Menschen und spürte der Wärme nach, die die beiden Arbeitssuchenden aus Ungarn in mir zurückgelassen hatten.

Mit neun Jahren sei sie bei einem Turnwettbewerb von der Kletterstange gefallen, begann da die Frau zu erzählen, die schon vorher neben mir gesessen und die Geschichte der beiden Männer aufmerksam mitangehört hatte. Die Folgen seien schwerwiegend gewesen, sie hätte tot sein können. Stattdessen sei sie im Rollstuhl gelandet. Sie habe alles von Neuem lernen müssen: aufstehen, sich anziehen, gehen, einfach alles. Dennoch habe sie es geschafft und sei bereits mit sechzehn wieder fähig gewesen, auf einem Bauernhof zu arbeiten. Mit zwanzig habe sie geheiratet. Ihr Mann habe eine kleine Firma gehabt, viel mehr als eine Werkbank sei es zwar nicht gewesen. Er habe Teile gedreht für grössere

Firmen. Sie habe fünf Kinder grossgezogen, gekocht, gewaschen und zudem ihrem Mann in der Firma geholfen, indem sie Lieferscheine geschrieben und die Arbeitsräume geputzt habe. Als Dank dafür habe er sie mit einer anderen Frau betrogen. Ihr jüngster Sohn sei zwanzig gewesen, als sie sich habe scheiden lassen.

Mit dem zweiten Mann habe sie auch kein Glück gehabt. Er sei zwar nett gewesen, ein Ausländer, und sie hätten viel gearbeitet und gespart, aber nach drei Jahren Ehe hätte sich herausgestellt, dass er in seinem Herkunftsland bereits eine Familie habe. Vor einem Jahr sei er in sein Land zurückgekehrt, als ob er gespürt hätte, dass er bald sterben würde. Kaum in seiner Heimat angekommen, habe ihn ein Herzstillstand ereilt. Ihr gehe es zwar gut, aber mit dem Alter liessen die Kräfte nach und die verschiedenen Operationen, die sie als Kind nach ihrem Sturz von der Kletterstange erleiden musste, seien auch nicht spurlos an ihr vorbeigegangen.

«Aber morgen», sagte sie lächelnd, «morgen bin ich bei meinem jüngsten Sohn zum Weihnachtsessen eingeladen. Er kocht besser als seine Frau. Ich habe eben bei der Erziehung darauf geachtet, dass auch meine Söhne putzen, waschen und kochen können.»

Noch viele Geschichten reihten sich an diesem Nachmittag aneinander, als ob sich jeweils die nächste aus der vorhergehenden entfalten würde. «Jeder Mensch ist Mit-Autor des einen Buches», schrieb einst John Donne, einer der bekanntesten religiösen Dichter im England des 17. Jahrhunderts. «Wenn ein Mensch stirbt, wird nicht ein Kapitel aus dem Buch herausgerissen, sondern in eine tiefer gründende Sprache übersetzt.» Die Bedeutung dieser Worte ist mir an diesem Weihnachtsnachmittag in der Kaffeestube wieder neu bewusst geworden: Jeder Mensch, der zu uns kommt, hat seine eigene, ganz spezielle Geschichte. Indem er sie erzählt und indem wir ihm zuhören, wird sie festgehalten und auf einen tieferen Grund gestellt.

Hans Ruedi Fischer

TOGGENBURGER WEIHNACHT

A lle paar Jahre gelangt im obersten Toggenburg die
«St. Johanner Wienacht» zur Aufführung. Dabei erzählt der einheimische Kirchenchor jeweils einem kindlich
staunenden Publikum die uralte, wundersame Geschichte
von Gottes Ankunft auf Erden in heimischer Sprache: Der
langjährige Dirigent und Komponist Peter Roth hat die
ewig gültige Botschaft umgesetzt in die vertrauten Klänge
der heimischen Musik und des Gesangs der ländlichen Be-
völkerung, wie sie allemal zu hören sind, wenn die Sennen
im Sommer ihr Vieh auf die Alp treiben und bei ihrem Tag-
werk «johlen» – so nennt man hier den Naturtongesang der
Älpler.

Kirchenstill, in des Wortes schönstem Sinn kirchenstill,
war es an jenem Adventsabend geblieben, als nach der
Aufführung Wunderliches geschah: Chor, Orchester und
Publikum waren in die Winternacht hinausgetreten; nur
die schön gewandeten, beinahe lebensgrossen Krippenfiguren, die während der Aufführung die Handlung ange-

deutet hatten, blieben im Raum zurück. Seltsamerweise fanden sie alle, die der Mesmer vorher so geschickt ins Rampenlicht gerückt hatte, zur menschlichen Sprache. Es sei ihr, sagte Maria, fast ein wenig peinlich gewesen, so im Mittelpunkt zu stehen, und das erst noch in einer reformierten Kirche. Josef räusperte sich und offenbarte seinen umstehenden Schicksalsgenossen, er habe einen Traum gehabt. Offenbar hätten davon bisher nicht einmal die Evangelisten gewusst, sonst wäre dieses Geschehnis sicherlich schon längst biblisch dingfest gemacht worden.

«Erzähl», riefen die Umstehenden und Josef tat ihnen zuliebe Herz und Mund auf: «Die sennischen Melodien und Jauchzer haben mich gwundrig gemacht. Ich wollte mehr über diese Gegend wissen, dieses Toggenburg erkunden, in dem ‹Klangwelt› und ‹Snowland› Nachbarn und Anziehungspunkte für Kinder und Erwachsene, für Musikfreunde wie für junge Sportler sind. In einer sternenhellen, mondklaren Nacht sind wir, Maria und ich, daher den Thurweg hinaufgewandert. Die sieben Churfirsten, dieser Stein gewordene Wochenkalender, liessen uns über die Siebenerreihe sinnieren. Wir dachten an einen Psalm, den ein Bewohner dieser Gegend einst an einem Alp-Gottesdienst vorgetragen hat: *Aus der Enge des Tales in die Weite des Himmels ragen sieben fürstliche Firste, erinnern an sieben Tage der Schöpfung. Lass uns dir danken, unerschöpflicher Schöpfer.*

Besonders nahe haben wir uns Ueli Zwingli gefühlt, dem Wildhauser Ammannssohn und späteren Zürcher Reformator, der urtümlicher als alle anderen Bibelübersetzer den 23. Psalm in seinem damaligen Deutsch zu singen wusste: *Du, Gott, bisch min Hirt, mer fählts a nüt. Uf grüene Alpe weidisch du mii und zum frische Wasser füehrsch du mii.* Gerührt erinnerte sich Maria in diesem Moment daran, wie beim Proben der ‹St. Johanner Wienacht› vier Trachtenfrauen den unglaublichen Engelsgruss glockenrein gesungen hatten: *Ave, ave, ave Maria, ave Maria, Gott isch bi deer! Ave, ave, ave Maria, Gott hät no Grosses vor mit deer!* Sie habe sich auch darüber gefreut, dass der Text ihres ‹Magnifikat› den Chor nicht losgelassen habe: *Los, mini Seel juchzet und singt vor Freud, vor Freud will du, o Gott, min Retter bisch. I bi jo no en einfache Mensch und doch luegsch du so guet zo mer. Du heilige allmächtige Gott schenksch Glück för alli Ziit.* Wir haben die Musik zu diesen Texten während unserer Wanderung viel besser verstehen gelernt.»

«Doch wir sind unterwegs auch allerhand Wunderlichem begegnet», fuhr Josef fort. Und er erzählte, dass hier im Tal statt der Heiligen Drei Könige – dem Melch, dem Balz und dem Chaschper – zwei Schwingerkönige leben, der Abderhalden Jörg und der Forrer Nöldi, die im Sägemehlring anderen Bösen den Meister zeigten. Er berichtete vom kühnen Simon Ammann, der es gewagt hatte, auf langen Latten Freudensprünge zu unternehmen und dabei Weltrekorde aufzustellen. Auf einer einsamen Höhe seien Maria und er gar an einem Gasthof namens «Haus der Freiheit» vorbeigekommen, aus dessen verrauchter Gaststube vaterländische Gesänge vaterländischer Gesellen drangen. Auch allerhand Tieren seien sie begegnet, einheimischem

Vieh vor allem, aber auch Alpakas und einem Rudel Esel, die hier oben hausten und als Begleiter der Touristen ihr hartes Brot verdienten.

Freudig schilderte er überdies, wie viele Mädchen und Buben in kindlicher Begeisterung in Schulstuben und Kirchenräumen spielerisch-spielend die grossartige Geschichte von Weihnachten unbekümmert weitererzählten: «Diese Kinder zeigen uns ebenso wie der jauchzende und jubelnde Kirchenchor im Dorf, dass die frohe Botschaft, die damals buchstäblich wie ein Blitz aus heiterem Himmel eingeschlagen hat, weder an Wert noch an Gültigkeit verloren hat.»

Am Morgen nach der Chor-Aufführung feierte die Gemeinde den Gottesdienst zum vierten Advent. Noch immer schwangen die Klänge der «St. Johanner Wienacht» durch den Raum. Die Figuren standen wieder reglos da. Niemand hätte von ihrer nächtlichen Unterhaltung und schon gar nicht vom Streifzug der Heiligen Familie durchs Toggenburg etwas erfahren, hätte da nicht eine Kirchenmaus einem Träumer einiges ins Ohr geflüstert. Was Wunder, war für ihn noch einmal sennisches Frohlocken zu hören.

Schwester Marianne Bernhard

«GEBOREN FÜR ALLE MENSCHEN»

Heiss brennt die Mittagssonne auf den Weg, der nach Betlehem führt. Seit Tagen herrscht dort buntes Treiben, viele Menschen sind unterwegs: reiche Händler, einfache Bauern, Priester, dazwischen Soldaten und Beamte aus Rom. Alles wegen der Volkszählung, die Kaiser Augustus befohlen hat.

Wie gut, dass es unweit des Ortes am Weg einen Brunnen gibt. Dort können die Reisenden ihren Durst löschen und sich im Schatten einiger Palmen ausruhen. Auch ein dunkelhäutiger Junge liegt im Schutz einer Palme und schläft tief, neben sich sein Reisebündel. Seine Hautfarbe verrät, dass er von weit her kommt – ein Fremder, vermutlich aus Afrika. Er scheint nicht zu merken, wie sich zwei Gestalten heranschleichen. Die eine flüstert: «Schnell, nimm den Sack! Da ist sicher Geld drin!»

Nubo, so heisst der Junge, erwacht und springt auf die Füsse. «Halt, lasst mir den Sack! Er gehört meinem Herrn, einem König aus dem Morgenland!» Doch die beiden

Wegelagerer rennen schon mit ihrer Beute davon. Einer der beiden bleibt einen Moment stehen, klaubt eine Münze aus dem Beutel, den er im Reisesack entdeckt hat, und wirft sie dem Jungen vor die Füsse. «Da! Das reicht für dich!»

Nubo hebt das Geldstück auf und sieht sich ängstlich um. Was nun? Sein Herr hatte ihn doch vorausgeschickt, um in Betlehem für ihn und seine beiden Gefährten ein Nachtquartier zu suchen. Alle drei hatten durch ihre Kenntnisse des Sternenhimmels das gleiche Zeichen entdeckt: einen Stern, der die Geburt eines neuen Königs im jüdischen Land ankündigte. Daraufhin hatten sie sich auf den Weg gemacht.

Ein nächster Reisender nähert sich dem Brunnen, ein Priester. Nubo fasst sich ein Herz und spricht ihn an: «Bitte, hilf du mir! Ich brauche jemanden, der mich in die Stadt mitnimmt. Sonst werde ich abgewiesen.» Aber der Mann gibt nicht einmal eine Antwort, sondern macht nur einen grossen Bogen um Nubo. Als nächstes kommt ein junges Paar. Der Mann führt den Esel, auf dem die hochschwangere Frau sitzt, in den Schatten. Nubo schaut zuerst schüchtern zu, dann eilt er zum Brunnen und bringt den beiden Wasser. «Gott segne dich für diese Wohltat», sagt die Frau. Vor lauter Staunen, dass jemand so freundlich zu ihm spricht, bringt Nubo kein Wort heraus. Stattdessen schenkt er dem Paar das Geldstück, das ihm geblieben ist. Josef legt Nubo zum Dank die Hand auf den Kopf, dann ziehen die beiden weiter.

Nun hat Nubo überhaupt nichts mehr. Er eilt der Stadt zu, denn die Sonne steht schon tief. Doch schon bei den ersten Häusern hält ihn ein römischer Soldat an: «Halt! Fremde haben keinen Platz in der Stadt! Alle Herbergen sind besetzt. Nur noch Einheimische werden eingelassen. Ich nehme nicht an, dass du zur Volkszählung gehst?» Nubo entgegnet mit dem Mut der Verzweiflung: «Nein, das nicht, aber ich muss für drei Herren aus dem Morgenland eine Unterkunft suchen. Sie wollen den neuen König sehen.»

Der Römer spottet: «Du hast wohl einen Sonnenstich? Ein König in Betlehem? Herodes wohnt noch immer in Jerusalem!» Nubo aber weicht keinen Schritt zurück und schaut den Soldaten aus grossen Augen bittend an. Da wird der Soldat etwas freundlicher und sagt: «Warte dort, am Stadteingang, wo die Bettler sitzen. Ich sehe gerade den Wirt der Herberge ‹König David› kommen.» Und zum Wirt gewendet fragt der Soldat: «Hätte es bei dir noch Platz für drei Herren aus dem Morgenland? Dieser Junge dort ist ihr Diener.» «Nein», entgegnet der Wirt verärgert. «Für solch fremdes Pack habe ich weder Zeit noch Platz!»

Traurig setzt sich Nubo neben einen der Bettler. Dieser sagt leise: «Auch dich will niemand unter seinem Dach. So geht es mir schon mein Leben lang.» Er seufzt. «Du suchst nach einem neuen König? Auch ich warte auf einen. Vor langer Zeit hat Gott unserem Volk einen König versprochen, einen, der den Menschen Frieden bringt. Es wäre höchste Zeit, dass er käme.»

Langsam wird es dunkel. Da kommt singend und lachend eine Schar Kinder aus der Stadt. Es sind die Kinder der Hirten, die ihren Vätern Verpflegung für die Nacht bringen.

Nubo wagt noch einmal einen Anlauf: «Darf ich mit euch gehen?» Wie selbstverständlich nehmen die Hirtenkinder Nubo mit. Sie eilen mit ihm dem Feld vor der Stadt zu.

Inzwischen hat sich die Nacht still und klar über die Stadt gelegt. Die Hirten sitzen um das Lagerfeuer und essen das Brot, das die Kinder gebracht haben. Bald fallen den meisten die Augen zu, auch Nubo schläft ein. Nur ein Hirt hält Wache. Da blendet ihn plötzlich ein helles Licht. «Was ist das?», schreit er. Alle wachen auf und starren voller Angst auf die leuchtende Gestalt. Ein Engel steht vor ihnen.

«Fürchtet euch nicht!», sagt er. «Ich bringe euch grosse Freude, sie gilt allem Volke. Euch ist heute der Retter geboren, der gesalbte König, in der Stadt Davids! Und das nehmt als Zeichen: Ihr werdet ein Kind finden in Windeln, in einer Futterkrippe!» Und dann hebt der Jubelchor unzähliger Engel an. Für die Hirten gibt es kein langes Wenn und Aber. Sie wollen das Kind sehen. «Komm, Nubo!», rufen die Kinder. «Wir suchen den Stall mit der Krippe, den uns der Engel genannt hat. Du hast recht gehabt mit dem König, der in Betlehem geboren werden soll. So ist es nun geschehen!»

Aber eigenartig, Nubo schüttelt den Kopf. «Der König», murmelt er vor sich hin, «geboren für alle Menschen! Auch für mich! Auch für die anderen, für ...?» Nubo bleibt hinter den Hirten zurück, dann schlägt er einen anderen Weg ein.

Die Hirten haben unterdessen das Kind gefunden. In einem Viehstall, wo es seine Mutter in die Krippe gelegt hat.

Doch sie sind nicht die einzigen Besucher. Drei vornehme Männer treten hinzu. Sie zeigen zum Stern, der über dem Dach des Stalles steht: «Der Stern hat uns hierher geführt. Dieses Kind muss der König sein, der den Menschen Frieden bringt.»

In diesem Moment geht die Tür auf, Nubo tritt in den Stall. Mit Staunen erkennt er Maria und Josef, das Paar, dem er am Brunnen begegnet ist. Dann entdeckt er seinen Herrn und dessen Gefährten. Ein Leuchten geht über sein Gesicht: «Euch habe ich vorher im Städtchen gesucht! Doch ihr habt den Weg bereits gefunden. Dafür habe ich weitere Menschen mitgebracht, die das Kind sehen wollen.» Nubo winkt zum Eingang hin: «Kommt!»

Und sie kommen: der alte Bettler, sorgsam geführt vom römischen Soldaten, der Nubo zuvor angehalten hatte. Ihnen folgt, ziemlich verlegen, der Herbergswirt. Und – welch Wunder – auch die beiden Wegelagerer treten herzu, ihre Gesichter strahlen. Und zu guter Letzt findet auch der Priester den Weg zur Krippe. Nubo sagt, zu den Hirten und ihren Kindern gewendet: «Niemand wollte mich gestern in die Stadt mitnehmen, aber ihr Hirtenkinder habt mich zu euerm Lagerfeuer mitgehen lassen. Und so durfte ich das vernehmen, was sonst niemand in der Stadt erfahren hatte, und ich durfte es weitersagen. Denn nicht nur für uns» – Nubo schaut die Hirten an –, «sondern auch für euch, ihr Leute aus der Stadt, für Bettler wie für Priester, ja, auch für euch, ihr Wegelagerer, ist der neue König geboren. Von Gott geschenkt, für alle Menschen!»

Annette Spitzenberg

DIE DREI KÖNIGE UND IHRE GABEN

Es waren einmal drei Könige, die waren alle sehr verschieden, aber dennoch gut miteinander befreundet. Ihre Reiche grenzten aneinander und sie besuchten sich mindestens einmal im Jahr, um miteinander neue Ideen auszutauschen. Doch sie trugen untereinander auch eine Art freundschaftlichen Wettbewerb aus, wer von ihnen die besseren Eigenschaften und Gaben hätte.

Einer der drei Könige war sehr reich und glücklich und dabei ziemlich wohlbeleibt. Was auch immer er in die Hand nahm: Es schien ihm zu gelingen. Die Wirtschaft seines Landes blühte, immer wieder gab es rauschende Feste, sowohl am Königshof wie auch im Land selbst. An allen Ecken und Enden hörte man Lieder und Tanzmusik. Die Geschäfte waren voll von Waren, aus aller Welt verkaufte man Güter. Immer spielte ein Lächeln um des Königs Lippen. Sein Schloss war kostbar, die Kuppel gar aus purem Gold. Man nannte ihn deswegen nur den goldenen König.

Der zweite König war sehr fromm und ernst und etwas mager vom vielen Fasten. In seinem Land gab es überall Tempel, in denen Gott verehrt wurde, und die Priester waren hoch angesehen. Den König selbst traf man oft beim Gebet an. Er kniete jeweils vor dem Altar des Einen Gottes und verbrannte während des Gebets kostbaren Weihrauch, wie es bei den Zeremonien seines Landes üblich war. Der Duft des verbrennenden Harzes sollte seine Gebete direkt vor den Thron des Höchsten bringen. Man nannte diesen König daher nur den Weihrauchkönig.

Der dritte König war ein spezieller König. Wann immer der goldene König ein Lächeln auf den Lippen hatte und der Weihrauchkönig ein ernstes Gesicht machte, so hatte dieser König einen gequälten, fast leidenden Gesichtsausdruck und ging meist auch ein wenig gebeugt. Es schien, als würde er viel Leid kennen: sowohl das eigene wie auch das seiner Mitmenschen. Und so gab es in seinem Land viele Spitäler, viele Therapieeinrichtungen und Orte, an denen geheilt wurde. Der König stellte auch eigenhändig Heilsalben her. Besonders berühmt war seine Myrrhesalbe aus dem bitteren Harz des Myrrhestrauches, die eine stark schmerzlindernde Wirkung hatte und besonders gut bei der Heilung von Wunden half. Den König nannte man deswegen nur den Myrrhekönig.

Wenn die drei Könige sich trafen, neckten sie sich jeweils wegen ihrer Verschiedenheit. So konnte der goldene König zum Myrrhekönig sagen, er solle nicht immer so ein sauertöpfisches Gesicht machen, das verderbe ja jedem die

gute Laune. Der Weihrauchkönig wiederum empfahl dem goldenen König, sich um mehr Ernsthaftigkeit und Askese zu bemühen. Und der Myrrhekönig schliesslich warf dem Weihrauchkönig vor, er ziehe sich nur in seine eigene Frömmigkeit zurück, ohne an das viele Leid in der Welt zu denken.

Mit den Jahren geschah etwas Eigenartiges: Der goldene König war nun nicht mehr nur wohlbeleibt, er wurde dick, der fromme Weihrauchkönig war nicht mehr nur ein wenig mager, sondern regelrecht dürr, und der heilende Myrrhekönig ging nicht mehr nur ein wenig gebeugt, sondern er bewegte sich so, als trüge er die ganze Welt auf seinen Schultern. Die Neckereien unter den dreien wurden ernsthafter, der Wettbewerb krampfhaft. Jeder hatte plötzlich den Eindruck, so wie er lebe und sein Reich regiere, sei allein richtig. Ihre Freundschaft geriet in Gefahr. «Wir brauchen einen Schiedsrichter», rief schliesslich der goldene König. So beschlossen sie, bis zum nächsten Jahr, wenn sie sich wieder träfen, zu überlegen, welcher grössere König über sie richten könne. Und siehe da, als sie sich im nächsten Jahr trafen, hatten alle die Zeichen des Himmels studiert und einen neuen Stern entdeckt. Dieser, so stellten sie fest, wies darauf hin, dass nun ein König geboren werde, der grösser sei als alle bisherigen.

Der fromme Weihrauchkönig konnte die Zeichen am besten deuten und wusste, wohin sie sich wenden mussten. Sie beluden ihre Kamele und jeder König nahm als Geschenk jene Gabe mit, die ihn auszeichnete: Gold, Weihrauch und Myrrhe. Unterwegs stritten sie sich öfter. Vielleicht war dies der Grund für ihre Unaufmerksamkeit, so dass sie zuerst beim falschen König landeten, nämlich bei Herodes. Doch zum Glück merkten sie, dass wahre Macht nicht auf deren Missbrauch gründet, und fanden schliesslich den Weg nach Betlehem. Dort sahen sie den Stern über dem Stall stehen. Am meisten erschrak wohl der goldene König, denn Armut hatte er nicht erwartet. Aber auch der Weihrauchkönig staunte, denn es gab hier keinen Tempel. Der Myrrhekönig aber wunderte sich über den fröhlichen Gesang der Engelschar. Die drei ergriffen ihre Geschenke, bückten sich und betraten den Stall.

Einer nach dem andern traten sie ehrfürchtig zur Futterkrippe und beugten sich über das Kind, das unschuldig in seiner Krippe lag. Das Kind schaute jeden von ihnen mit seinen weisen, göttlichen Augen an und bei jeder Gabe schenkte es dem König, der sie ihm brachte, ein besonderes, himmlisches Lächeln. Die Könige verneigten sich tief, sie verneigten sich auch vor Maria und Josef, und still ritten sie anschliessend davon. Lange sprach keiner von ihnen ein Wort. Das Geheimnis des Kindes hatte sie tief berührt.

Schliesslich fragte der Myrrhekönig: «Was tun wir nun mit unserem Wettbewerb?» Der Weihrauchkönig antwortete: «Keiner von uns ist am wichtigsten oder am richtigsten.» «Genau so ist es», antwortete der goldene König. «Es braucht uns alle drei.»

An die Stelle des Wettbewerbs trat von nun an die Ergänzung. Der goldene König lernte, dass für ihn Frömmigkeit und der Blick für das Leiden wichtig waren, um nicht oberflächlich zu werden. Der Weihrauchkönig erlebte, dass Frömmigkeit nicht hiess, auf die Freuden des Lebens zu verzichten oder das Leid der Welt auszublenden. Der Myrrhekönig hingegen entdeckte die Freude, die Schönheit und den Reichtum des Lebens, die trotz allen Leides in der Welt zu finden sind. Und er lernte, dass er die Welt nicht allein retten konnte oder musste, sondern im Gebet Kraft und Trost schöpfen konnte.

Ich brauche nicht lange auszuführen, dass der goldene König nun wieder wohlbeleibt war und der Ausdruck seiner Augen an Tiefe und Ernst gewann, der Weihrauchkönig an Gewicht zulegte und die Schultern des Myrrhekönigs sich strafften und ein Ausdruck von Schalk in seine Augen trat. Ihre Reiche traten in einen regen Austausch: Plötzlich wurden im Weihrauch- und im Myrrhekönigreich Feste gefeiert, beim goldenen König und im Weihrauchkönigreich wurden Spitäler gebaut, Tempel wuchsen überall. Und die Fachkräfte der jeweiligen Königreiche wanderten hin und her, um ihr Wissen zu teilen. Friede und Liebe breiteten sich aus.

Und was tat das göttliche Kind mit den Geschenken? Das Gold verhalf der Familie zur Flucht nach Ägypten, denn damit konnte sie die Schlepper bezahlen. Der Weihrauchduft führte den zwölfjährigen Jesus später direkt in den Tempel, denn er erkannte ihn wieder und wusste, dass dieser Duft etwas mit seinem himmlischen Vater zu tun hatte. Und die Myrrhe schliesslich half Jesus am Kreuz, seine Schmerzen auszuhalten, bis er starb. Und es war, als würde er nach seiner Auferstehung, nachdem die Liebe über den Tod gesiegt hatte, sagen: «Seht her, dies sind die Gaben der drei Könige: Gold, Weihrauch, Myrrhe. Es braucht sie alle drei. Geht sorgsam mit ihnen um.»

Marie-Louise Nussbaumer-Keller

DAS CHRISTKIND IN
DEN BERGEN

Die kleine abgelegene Berggemeinde zählt kaum zwei-hundert Einwohner. Diese aber sind eine wahre Schicksalsgemeinschaft. Im Winter ist das tief eingeschneite Dorf oft tagelang, manchmal wochenlang von der Umwelt abgeschnitten, weil die schmale, kurvenreiche Zufahrtsstrasse verschüttet ist oder wegen drohender Lawinengefahr gesperrt werden muss.

Der Gemeindepräsident ist Bergbauer wie alle Leute hier oben auf dem kleinen, sonnigen Hochplateau, und selbst der betagte Pfarrer hält einige Ziegen, hat seinen Gemüsegarten hinter dem Haus und einen winzigen Kartoffelacker am Abhang. Vor einem Vierteljahrhundert wurde er aus gesundheitlichen Gründen aus der Stadt hierher versetzt. Die Höhenluft liess ihn bald wieder zu Kräften kommen. Das Misstrauen der verschlossenen Bergler zu überwinden, dauerte einiges länger. Doch durch seine fröhliche, menschliche Art gewann der Pfarrer schliesslich die Herzen und das Vertrauen aller. Inzwischen ist er einer der Ihren geworden, ganz und gar.

Vor ein paar Jahren haben die Männer des Dorfes die feucht-fleckigen Wände des Kirchleins frisch getüncht und die alten unbequemen Bänke abgeschliffen und lackiert. Und nun haben die Frauen als Dank für fünfundzwanzig Jahre Seelsorge eine ganz besondere Überraschung bereit. Unter ihren geschickten Händen entstehen lebensgrosse Krippenfiguren. Während vieler Abendstunden wird in froher Gemeinschaft genäht und gebastelt. Das mickrige Kripplein mit den verwitterten Gipsfiguren, das bisher in der Weihnachtszeit die Kirche geschmückt hat, habe seinen Dienst getan, finden die Frauen. Sie fiebern dem Augenblick entgegen, in dem der Pfarrer und die ganze Gemeinde vor der neuen Krippe stehen und vor lauter Staunen kein Wort mehr hervorbringen würden. So jedenfalls stellen sich die begeisterten Hobbykünstlerinnen die Wirkung ihrer Überraschung vor.

Weihnachten – endlich! Mit einem vorgetäuschten Notfall wird der Pfarrer in ein abgelegenes Häuschen oberhalb des Dorfes gelockt. Die alte Babette humpelt seit Wochen mühsam an zwei Krücken, doch ihren Humor hat sie trotzdem nicht verloren. So lässt sie sich ganz gerne dazu überreden, sich als eingebildete Kranke ins Bett zu legen. Auch Anton, der junge Nachbar des Pfarrers, nimmt an der Verschwörung teil und begleitet Hochwürden hinauf zum kleinen Haus.

Schon rufen die Glocken zur Christmette, wie die beiden endlich mit klammen Fingern und kalten Füssen wieder im Dorf eintreffen. Unterwegs hatte der Wind die Kerze in der

Laterne ausgelöscht und Anton seine Streichhölzer verloren, so dass sie vom Weg abgekommen waren. Alles rein zufällig, versteht sich! Der Pfarrer kann seinen Unmut nicht verbergen. Ohne sich den Schnee von den Schuhen zu klopfen, stürzt er in die Sakristei, zieht das bereitliegende Messgewand an, versucht zur Ruhe zu kommen und sich zu sammeln. Doch schon spielt der Lehrer auf dem Harmonium und der Pfarrer ärgert sich über jeden der Misstöne, die er sonst grosszügig überhört. Zusammen mit den Ministranten betritt er den Altarraum. Der Kirchenchor singt: «In dulci jubilo …». Wie angewurzelt bleibt der Pfarrer vor der grossen, wunderschönen Krippe stehen. Es ist, als ob die schlichten Figuren Ruhe und Wärme ausstrahlen würden. Lange betrachtet der Pfarrer das friedliche Bild – und langsam weicht der Ausdruck des Ärgers auf seinem Gesicht demjenigen tiefer Rührung.

Nach dem Gottesdienst drängen Gross und Klein zur Krippe. Sie staunen, kommentieren, loben, freuen sich. Ganz zuletzt, wie die meisten schon gegangen sind, kommen auch Franziska und Gaudenz mit ihren drei Kindern nach vorne. Hannes liegt, obwohl er schon bald vier Jahre alt ist, in den starken Armen seines Vaters. Dem schwer behinderten Knaben haben die Ärzte eine nur kurze Lebensdauer vorausgesagt. Und in der Tat nehmen die Kräfte des Kleinen, der weder gehen noch sprechen kann, täglich ab. Beim Anblick der Krippe aber leuchten seine grossen Augen auf. Er artikuliert unverständliche Wörter, die sich anhören wie ein freudiges Jauchzen, und streckt begeistert seine dünnen

Ärmchen aus. Der Pfarrer steht bewegt daneben und, aus einem inneren Impuls heraus, hebt er das Christkind aus dem Krippenstroh und legt es dem Knaben behutsam in die Arme. Der Kleine strahlt, drückt das Christkind innig an sich und will es nicht mehr loslassen. «Du darfst es mit nach Hause nehmen», sagt der Pfarrer spontan. Und wie die Eltern verlegen abzuwehren versuchen, zerstreut er ihre Bedenken: «Das werde ich den Krippenfrauen schon irgendwie beibringen.»

Neben dem Pfarrer und ihren Eltern steht Martina, das Schwesterchen von Hannes. Wie immer hat sie ihre heiss geliebte Puppe in den Gottesdienst mitgenommen, überall ist diese dabei. Abgewetzt und schmuddelig sieht sie deshalb aus und hat auch schon die meisten ihrer Haare verloren. Martina hebt ihr kleines Scheusal hoch, drückt ihm einen dicken Kuss auf das abgeschabte Stupsnäschen und legt es dann entschlossen in die Krippe. «Von jetzt an heisst du Jesuskind», flüstert sie der Puppe ins Ohr, dann wischt sie sich ein paar Tränen ab.

Am nächsten Tag, am Weihnachtsgottesdienst, herrscht Entsetzen, Ratlosigkeit. Wörter wie «Diebstahl» und «Gotteslästerung» gehen durch die Reihen. In aller Ruhe klärt der Pfarrer die Kirchgängerinnen und Kirchgänger auf. Nicht alle haben Verständnis für sein eigenmächtiges Vorgehen. Es wird gebrummt und getuschelt. Einige finden das Handeln des Pfarrers geschmacklos, andere empfinden es als beleidigende Undankbarkeit gegenüber den Krippenfrauen. Doch diese sind mit dem Pfarrer einig darin, dass seine Reaktion in der Weihnachtsnacht die richtige war.

Als nach ein paar Wochen die Krippe weggeräumt wird, bringt der Pfarrer das Ersatz-Christkind persönlich zu dessen Puppenmutter zurück. Doch wenn er geglaubt hatte, Martina damit eine Freude zu bereiten, so hatte er sich gewaltig geirrt. «Ja, wo sind denn Maria und Josef?», möchte das Mädchen wissen. «Die sind in der Sakristei, in einem riesigen Schrank. Dort drinnen warten sie, bis wieder Weihnachten ist», lautet die Auskunft. «Die sind doch traurig ohne ihr Jesuskind. Nimm es wieder mit!» Es klingt wie ein Befehl, dem sich selbst der Pfarrer beugen muss. Der kranke Hannes hingegen will sich von seinem Christkind auf keine Weise mehr trennen lassen.

Es ist ein strahlender Frühlingstag, wilde Krokusse blühen auf den Bergwiesen. Die Kirchenglocken läuten, so dass man sie weit über Berg und Tal klingen hört. Sie rufen zum Abschiedsgottesdienst für Hannes. Das Kind liegt aufgebahrt in einem kleinen weissen Sarg. Entspannt und ruhig ist sein bleiches Gesicht. Der Knabe scheint leise zu lächeln – das gleiche Lächeln wie jenes im Gesicht des Christkindes, das immer noch in Hannes' Armen liegt. Die Dorfbewohner blicken tief gerührt auf die friedliche Szene. Keiner würde es wagen, noch irgendein Wort gegen das eigenmächtige Vorgehen des Pfarrers zu sagen. Und für alle ist es selbstverständlich, dass Hannes zusammen mit der Krippenfigur zu Grabe getragen wird.

Das gut gemeinte Angebot der Frauen, ein neues Christkind zu fertigen, lehnt der Pfarrer dankend ab. Niemand stört sich mehr daran, dass nun Jahr für Jahr an Weihnachten das schäbige, viel zu kleine Jesuskind von Martina in der Krippe liegt. Und wenn jemand nach dem Grund dafür fragt, dann heisst es im kleinen Bergdorf jeweils: «Das ursprüngliche Jesuskind hat Hannes in den Himmel begleitet.»

VERZEICHNIS DER AUTORINNEN
UND AUTOREN

AEPLI, HILDEGARD: St. Gallen, katholische Theologin und Mitarbeiterin im Pastoralamt des Bistums St. Gallen. Hildegard Aepli unternahm 2011 zu Fuss die rund 5000 Kilometer lange Pilgerreise von Einsiedeln nach Jerusalem.

BERNHARD, SCHWESTER MARIANNE: Diakonin und Mitglied der evangelischen Schwesternschaft «Saronsbund» in Uznach SG, seit 2012 beteiligt am Aufbau eines «Quartierklosters» im Zürcher Kreis 4

BRACK, BERNHARD: Sozialarbeiter in der katholischen Kirche St. Gallen, Sozialdienst Zentrum

BRUDERER, KONRAD: reformierter Pfarrer in der Kirchgemeinde Heiden AR

ENNULAT, ANDREAS: reformierter Pfarrer in der Kirchgemeinde Wolfhalden AR

EUGSTER, REGULA: Erwachsenenbildnerin in St. Gallen, engagiert u. a. im ehemaligen Forum SOSOS (Solidarität und Spiritualität Ostschweiz)

FISCHER, HANS RUEDI: Wildhaus SG, Autor im Ruhestand; 1987 bis 2007 Beauftragter für Kommunikation der evangelisch-reformierten Kantonalkirchen Thurgau und St. Gallen und Redaktor des «Kirchenboten für die Evangelische Landeskirche des Kantons Thurgau»

FRÜH, MARGRIT: Frauenfeld TG, Kunsthistorikerin und ehemalige Leiterin des Historischen Museums im Schloss Frauenfeld und des Klostermuseums der Kartause Ittingen

GUGGER, THOMAS: Diakon in der evangelischen Kirchgemeinde Wil SG

MAUCH-ZÜGER, HEINZ: Stein AR, Redaktor «Magnet», Kirchenblatt der evangelisch-reformierten Landeskirche beider Appenzell

MÖHL, CHRISTOPH: Sulgen TG, ehemals reformierter Pfarrer in Genf und Vaduz, später Redaktor bei der «Reformierten Presse»

NUSSBAUMER-KELLER, MARIE-LOUISE: Rebstein SG, vielseitig ehrenamtlich engagiert, unter anderem in der eigenen Pfarrei und für das Kinderdorf «Kiran» in Nordindien

OSTERWALDER, JOSEF: St. Gallen, katholischer Theologe und Seelsorger bis 1982. Anschliessend dreissig Jahre lang Journalist beim St. Galler Tagblatt. Josef Osterwalder verstarb Ende 2012 an einer Krebserkrankung.

SCHÜLE, PETER: Steckborn TG, bis zur Pensionierung reformierter Pfarrer in Sirnach TG

SEMMLER, CHRISTOPH: reformierter Pfarrer in St. Gallen-Tablat

SPITZENBERG, ANNETTE: St. Gallen, reformierte Pfarrerin, Spitalseelsorgerin am Kantonsspital St. Gallen

STÄUBLI, JOHANNES: reformierter Pfarrer in der Kirchgemeinde Waldstatt AR

SYRING, LARS: reformierter Pfarrer in der Kirchgemeinde Bühler AR

WENK-SCHLEGEL, CHARLIE: katholischer Theologe und Gemeindeleiter der ökumenischen Gemeinde Halden, St. Gallen

ZU EINZELNEN TEXTEN

HEINZ MAUCH-ZÜGER, Der entführte Tannenbaum (S. 9):
Bearbeitete Version eines Textes, der im «Magnet» Nr. 10, 2007, erschien.

LARS SYRING, Der lange Weg nach Hause (S. 53):
Gekürzte Version eines Textes, der auf Country-Songs und Western-Filmsongs aufbaut. Die ausführliche Fassung kann beim Autor angefordert werden: lars.syring@gmx.ch

HANS RUEDI FISCHER, Toggenburger Weihnacht (S. 88):
Gekürzte Version eines Textes, der in den «Toggenburger Nachrichten», Dezember 2008, erschien.

SCHWESTER MARIANNE BERNHARD, «Geboren für alle Menschen» (S. 92):
Gekürzte Version eines Krippenspiels für Kinder in Dialektfassung. Die vollständige Version inkl. Liedvorschlägen und einem Lied der Autorin kann bei ihr bestellt werden: bernhard.marianne@bluewin.ch